岐路に立つ
指定管理者制度

文化と
まちづくり
叢書

変容するパートナーシップ

編著：松本茂章

著：中川幾郎
金井利之
片山泰輔
金山喜昭
伊東正示
桧森隆一

水曜社

岐路に立つ指定管理者制度
――変容するパートナーシップ

はじめに

　日本の文化政策を考えるとき、20世紀後半と21世紀には大きな差異がある。前者では公共事業として公立文化施設を建設する「ハコモノ」行政が展開されたのに対して、後者では文化に関する法的整備が進められた。制定順にいえば文化芸術振興基本法（2001年）や劇場、音楽堂等の活性化に関する法律（劇場法・2012年）、同振興基本法を改正した文化芸術基本法（2017年）などである。この2つの時代を橋渡しして結びつけるのが、指定管理者制度なのではないかと受け止めている。同制度は2003年の地方自治法改正に伴い「公の施設」に導入された。自治体直営施設を除いて、3年の猶予期間が設けられた。

　本書は、2007年に発行した中川幾郎・松本茂章編著『指定管理者は今どうなっているのか』（水曜社）を踏まえて、その後の10年余りの動きを追った書籍である。公立文化施設に焦点を当てる本書の目的は、指定管理者制度の現状を報告しつつ、幾多の課題を検証し、同制度の改善を考えることにある。そして導入を経て、行政と民間のパートナーシップにいかなる変容があったのか、自治体文化財団はどんな生き残り策を講じてきたのか、民間企業や非営利団体はどのようにして参入できたのか、などを浮き彫りにする。改善していくためには制度の現状と課題を検証することが欠かせないと考えた。

　全国各地の「文化の現場」を歩いてきた筆者からみるとき、この10年余りで、巧みに運営して成果を上げてきた文化施設と、そうでないところの格差が広がりつつあると感じている。指定管理者制度をうまく活用して地域社会との協働体制を構築している自治体と、相変わらず20世紀的な貸し館業務にとどまり、旧態依然とした狭義の文化行政を漫然と続けてきた無自覚な自治体と……。両者の格差は日々拡大してきたとの思いが強い。だからこそ本書の名は「岐路に立つ指定管理者制度」と名づけた。

　改めて「公の施設」を説明しておこう。「公の施設」とは、博物館（美術

館）、文化会館、市民会館、文化ホール、図書館、公民館、コミュニティセンター、国際交流施設、男女共同参画施設、障がい者福祉施設、高齢者福祉施設、病院、競技場、体育館、プール、保育所、駐車場、駐輪場……など県民や市民等に利用される施設のことである。地方自治法244条では「普通地方公共団体は、住民の福祉を増進する目的をもってその利用に供するための施設（これを公の施設という。）を設けるものとする」と規定されている。実に広く供されているなかで、本書では主に文化施設の管理と運営に焦点を当てる。

改正前の地方自治法によると、「公の施設」の管理委託を引き受けることのできた団体は、公共団体、公共的団体、地方公共団体が2分の1以上出資する法人に限定されていた。対して改正された同法では、指定管理者になり得る主体は「法人その他の団体」と明記された。直営や自治体設置文化財団等に加えて、企業、事業者、地域団体、特定非営利活動法人（NPO法人）、社団法人、さらには法人格を有しない団体も含めて、相当広範囲に対象が広がったわけである。当時は「民間への門戸開放」と騒がれ、新たなビジネスチャンスとしてとらえる傾向もあった。

行政から指定された団体が施設の使用許可等の行政処分も含めて「委任」されたので、従来の「委託」とは異なる新たな世界が広がった。冒頭に述べた「ハコモノ」行政から転じて、いかにして施設を活用するかが急務となった。自治体の財政事情が厳しい状況のなか、同制度はコストダウンの手法ととらえられがちだったが、制度の本質は行政と民間がいかに協働できるのか、を問いかけたものだと筆者は受け取めている。同制度導入後の15年余を振り返ることは、行政と民間におけるパートナーシップの変容を明らかにする試みでもある。

編著者　松本　茂章

岐路に立つ指定管理者制度

—— 変容するパートナーシップ

Contents

はじめに ｜松本茂章 ……………………………………………… 4

序 章　指定管理者制度は今どうなっているのか
　　　　｜松本 茂章（静岡文化芸術大学教授）……………………… 9

第1部　指定管理者制度をめぐる理論

第1章 指定管理者制度の運用を改善していくために
　　　 —— 本格導入から10年余を経て ——
　　　 ｜中川 幾郎（帝塚山大学名誉教授）…………………………17

第2章 文化芸術分野における「物と人の混合」
　　　 —— 公の施設の指定管理をめぐる
　　　　　 公民連携・公民切断の効用と課題 ——
　　　 ｜金井 利之（東京大学大学院法学政治学研究科・法学部教授）………35

第3章 地方自治体が指定管理者制度を苦手とする
　　　 本質的要因と課題克服の方向性
　　　 ｜片山 泰輔（静岡文化芸術大学教授）…………………………53

第2部 指定管理者の事例分析

第4章 地域ガバナンスと指定管理者制度
―― 地域経営の新たな統治形態 ――
松本 茂章 ……………………………………………………73

第5章 全国各地からの報告
松本 茂章

1 四季文化館みの〜れ（茨城県小美玉市）
　―― シビックプライド形成を目指す自治体直営の文化施設……108

2 かすがい市民文化財団（愛知県春日井市）
　――「のだめ」音楽会を企画した専門家集団……………………114

3 岡山県天神山文化プラザ（岡山県岡山市）
　―― 岡山県文化連盟が指定管理者に選定されて………………119

4 札幌駅前通地下歩行空間（北海道札幌市）
　―― アートが繰り広げられる「チ・カ・ホ」の試み……………124

5 起雲閣（静岡県熱海市の元旅館）
　熱海市民の「おもてなし」……………………………………128

6 NPO 法人 ソシオ成岩スポーツクラブ（愛知県半田市）
　―― 市民主導のコミュニティの場づくり………………………132

7 豊中市立文化芸術センター（大阪府豊中市）
　―― 日本センチュリー交響楽団を指定管理者の1つに選定……137

第6章 関係者に聞く指定管理者制度の最前線
松本 茂章

1 横浜市（鬼木 和浩・文化観光局文化振興課施設担当課長）………146

2 世田谷区（田中 文子・総務部長）…………………………………158

3 かすがい市民文化財団（米本 一成・チーフマネジャー）………168

4 一般社団法人指定管理者協会（薬師寺 智之・事務局長）…176

第3部 指定管理者制度の可能性

第7章 市民のキャリアデザインと地域コミュニティの拠点づくりを目指す
────野田市郷土博物館の事例を通して────

金山 喜昭（法政大学キャリアデザイン学部教授）……………185

第8章 民間が運営する指定管理者施設の課題

伊東 正示（（株）シアターワークショップ代表取締役）……………195

第9章 指定管理者の光と影
────そのガバナンスとマネジメント────

桧森 隆一（北陸大学教授・副学長・国際コミュニケーション学部長）
……………………………………………………………209

おわりに　松本茂章……………………………………230

分担執筆者・語り手プロフィール………………………232

索引………………………………………………………234

序 章

指定管理者制度は
今どうなっているのか

静岡文化芸術大学
教授

松本 茂章

1 指定管理者制度の 実態

　指定管理者制度に関して、いくつかの調査が行われてきた。これらのデータから制度の実態をみていこう。

　第一に総務省が行った調査結果を紹介する。[1] 同省が公表した「公の施設の指定管理者制度の導入状況等に関する調査結果」（2015年4月1日現在）によると、指定管理者が導入されている施設は全国に7万6,788施設あり、3年前の前回調査に比べて3,312施設が増えた。全国の平均導入率は公営住宅を含めて59.9％である。公営住宅を除いた施設の導入率は52.2％だった。

　都道府県別の導入状況をみると差異を見出せる。最も導入率が高いのは神奈川県の100％、次いで大阪府の96.9％、福島県の92.9％、東京都の92.4％と続く。導入率が最も低いところは島根県の13.5％で、長野県が15.3％、大分県が15.5％だった。

　指定管理者導入施設のうち、37.5％の施設で民間企業等（株式会社、NPO法人、学校法人、医療法人等）が指定管理者に選定されていた。前回調査より4.3ポイント増だった。

　指定管理期間は「5年」が最も多くて65.3％。次いで「3年」の17.8％、「4年」は7.7％だった。前回調査では「5年」が56.0％だったので9.3ポイント増えた形だ。「10年以上」は全体の5.7％にとどまっていた。

　利用料金制を導入しているところは全体の51.5％だった。債務負担行為の設定状況をみると、設定している自治体は53.5％で、設定していない自治体が46.5％だった。

　公募か非公募かを調べると、公募されていたのは全体の46.5％を占めていた。指定都市が67.8％と最も高く、都道府県63.4％、市区町村が41.9％だった。

指定管理者の指定取り消し等は全国で2,308施設あった。全体（7万6,788施設）の3％に相当する。内訳をみると、市区町村では指定の取り消しが579施設、業務の停止が47施設、指定管理の取りやめが1,469施設だった。指定都市では指定取り消しが51施設、取りやめが56施設。都道府県では取り消しが66施設、取りやめが40施設だった。

　指定を取り消した理由については、施設の見直し（休止・廃止、再編・統合、民間等への譲渡や貸与）が全体の48.8％を占めた。運用上の理由（検証の結果、経営困難等による撤退、業務不履行、不正事件）は25.7％あった。指定管理者の合併・解散は17.5％だった。取り消した後の管理は、統合・廃止46.7％、直営19.8％、再指定19.3％だった。

　指定管理者の選定理由を公表しているかどうかは、60.0％が公表していたものの、40.0％は公表していなかった。

　評価の実施状況をみると、全体の76.8％で評価を実施していたが、専門的知見を有する外部有識者等の視点を導入していた施設は全体の26.4％にとどまった。

　指定管理者制度が導入された施設の区分別は、レクリエーション・スポーツ施設19.6％、産業振興施設8.6％、基盤施設33.5％、文教施設20.6％、社会福祉施設17.7％となっている。本書で焦点を当てる文教施設の種別では、株式会社8.8％、財団法人等（一般や公益等を含む）15.1％、地方公共団体0.2％、公共的団体6.6％、地縁による団体57.3％、特定非営利活動法人4.2％、その他7.8％だった。

　上記調査では区分が大きすぎるため、より細かく区分したデータを探してみた。総務省は上記調査とは別に、毎年、「地方行政サービス改革の取組状況等に関する調査」を行なっている。2017年4月1日現在における同調査（2018年3月28日公表）によると、施設別に指定管理者の導入状況が明らかにされている。都道府県、指定都市、市区町村や施設別の導入率には、ばらつきがある。

　身近な市区町村の施設をみると、最も高いのが宿泊休養施設の88.2％、次いで休養施設の75.6％、特別養護老人ホームの74.7％、産業情報提供

序章　指定管理者制度は今どうなっているのか　　11

施設の74.3％と続く。最も低いのが海水浴場の12.6％、次いで公営住宅が13.3％だった。

　本書で取り上げる文化施設はどうなっているのか？　市区町村の場合、文化会館は51.9％だったのに、図書館は17.4％、博物館は27.8％、公民館・市民会館は21.8％だった。資格である司書、学芸員の配置が求められる図書館や博物館は低くなっている。対して、体育施設ではプールが48.5％、競技場が46.7％、体育館が38.6％だった。

　一方、総務省系の一般財団法人地域創造は2018年3月、「公立文化施設の管理運営状況に関する調査研究　報告書」を公表した。[3]同調査は公立文化施設（文化会館や市民会館等）に絞った全国調査である。2017年12月1日から18年1月22日にかけて、全国の自治体1,790団体や施設に対して、基本調査票や個別調査票を送り、郵送や電子メールで回答を得た。基本調査票の有効回答数は917で、回収率は51.2％だった。

　このうち820団体（全体の89.4％）が文化施設等（ホール、美術館、練習場・創作工房、および複合施設）があると答えた。820団体のうち、直営は50.8％。指定管理は49.2％と拮抗していた。都道府県・政令市・10万人以上の市区町村では指定管理が直営を上回り、10万人未満の市区町村では直営が指定管理を上回っていた。文化施設等の管理に関して老朽化等の特別な計画をつくっていたのは全体の7.6％にとどまっていた。文化振興に関する条例を策定していたのが15.2％、文化振興基本計画を策定したところが27.6％、と少数派だった。

　指定管理期間をみると、「5～6年未満」が71.1％、「3～4年未満」が13.9％、「4～5年未満」が6.4％だった。平均すると「4.9年」だった。前期の指定管理期間の平均値「4.3年」より長くなっていたという。制度導入直後に発行した中川幾郎・松本茂章編著『指定管理者は今どうなっているのか』（水曜社、2007）のころは指定管理期間3年が多かったので、期間が長くなってきた傾向が浮かび上がる。

　指定管理者の団体種別をみると、「財団法人・社団法人」が51.2％で最も多い。次いで「株式会社・有限会社など（営利法人）」が20.5％。「共同

図表1　総務省調査による施設別の指定管理者制度導入状況

	都道府県	指定都市	市区町村
体育館	93.6%	91.8%	38.6%
競技場	90.2%	65.1%	46.7%
プール	94.1%	94.9%	48.5%
海水浴場	64.3%	33.3%	12.6%
宿泊休養施設	100.0%	92.9%	88.2%
休養施設	96.3%	92.3%	75.6%
キャンプ場等	98.4%	75.0%	58.6%
産業情報提供施設	54.2%	85.0%	74.3%
展示場・見本市施設	97.1%	90.5%	64.9%
開放型研究施設等	25.4%	87.5%	50.0%
大規模公園	88.0%	51.5%	41.6%
公営住宅	67.3%	70.3%	13.3%
駐車場	84.9%	87.7%	38.5%
大規模霊園・斎場等	100.0%	29.5%	21.7%
図書館	11.3%	23.5%	17.4%
博物館	50.0%	49.3%	27.8%
公民館・市民会館	－	43.4%	21.8%
文化会館	92.3%	83.4%	51.9%
合宿所・研修所等	68.1%	62.7%	46.6%
特別養護老人ホーム	66.7%	92.3%	74.7%
介護支援センター	100.0%	100.0%	50.6%
福祉・保健センター	69.2%	86.8%	53.4%
児童クラブ・学童館等	84.6%	71.0%	22.6%

総務省「地方行政サービス改革の取組状況等に関する調査」（2018年3月28日公表）をもとに筆者作成

企業体（JV）等のコンソーシアム」が17.2％。「NPO法人（特定非営利活動法人）」が6.0％だった。

　指定管理が継続しているかを調べると、指定管理者の導入以前に「現在の指定管理者と同じ団体が管理運営を行っていた」が42.7％で最も多かった。「直営で管理運営を行っていた」が32.8％。「現在の指定管理者と異なる団体が管理運営を行っていた」が11.8％。「指定管理者制度の導入以降に開館した」が10.5％だった。

現在の指定管理者について、制度導入以降に「指定管理者の交替はない」が67.8％。「交替があった」が15.4％だった。交替していない実態がみえてくる。

　公募か非公募かを尋ねると、「公募等により指定した」が55.9％。「公募等によらず随意指定した」が41.7％だった。拮抗していて、公募が圧倒的というわけではない。随意指定の施設に非公募の理由を聞くと「指定団体であれば最も施設管理がうまくいく」が64.2％。「指定団体であれば最も文化施策がうまくいく」が64.0％。「指定団体の他に指定管理者の担い手がいない」が18.4％だった。

　選定のための合議体の構成については、地方公共団体に加えて「外部の人が参加した合議体」が54.2％。地方公共団体の「職員のみの合議体」が24.0％。「外部の人のみが参加した合議体」が17.3％。多くが外部人材を登用していた。外部人材は「経営、会計、税務、法律の専門家等」が74.4％と最も多かった。「一般市民」は13.5％。「アーティスト、実演家等」が11.8％だった。

　地域創造は、制度導入以来、同様の調査を継続してきた。制度導入直後の2007年3月に公表された調査結果は、全施設4,265のうち、直営施設は65.8％だったのに対して指定管理（非公募）21.6％、指定管理（公募）12.5％だった。2011年3月に公表された調査結果では直営が33.1％で、指定管理（公募）が36.8％、指定管理者（非公募）が27.9％だった。指定管理者制度を導入した施設が少しずつ増える傾向にある。

2　進む法整備

　21世紀初頭のわが国では、地方自治法244条の改正以外にも文化に関する法整備が進められた。2001年には文化芸術振興基本法が制定され、

文化に関する法的根拠を有することになった。これに伴い文化政策に関する方針が示されるようになった。

　11年後の2012年には劇場、音楽堂等の活性化に関する法律（劇場法）が制定された。図書館には図書館法、博物館には博物館法がそれぞれ制定されていたものの、公立の劇場や音楽堂等には特別の法的根拠はなく、地方自治法の「公の施設」が唯一の支えだっただけに、劇場法の制定は文化芸術の関係者には朗報となった。

　劇場法の前文では、「劇場、音楽堂等は、文化芸術を継承し、創造し、及び発信する場」としたうえで、「人々が集い、人々に感動と希望をもたらし、人々の創造性を育み、人々が共に生きる絆を形成するための地域の文化拠点である」と述べている。さらに「現代社会においては、劇場、音楽堂等は、人々の共感と参加を得ることにより『新しい広場』として、地域コミュニティの創造と再生を通じて、地域の発展を支える機能も期待されている」とうたわれた。劇場や音楽堂等は、文化事業の充実だけでなく、地域政策との文脈でとらえなければならなくなったわけである。

　1条では「活力ある地域社会の実現」が同法の目的の1つに挙げられた。2条では、劇場・音楽堂等について定義を行い、「文化芸術に関する活動を行うための施設及びその施設の運営に係る人的体制により構成されるもののうち、その有する創意と知見をもって実演芸術の公演を企画し、又は行うこと等により、これを一般公衆に鑑賞させることを目的とするもの」と記述した。「創意と知見」のない者を雇用しても劇場・音楽堂等とは呼べないということになる。

　13条では「専門的能力を有する者」として「制作者、技術者、経営者、実演家その他」が具体的に列記された。「経営者」とはマネジメントをする人材、あるいはマネジャーと受け止めることができる。行政とタフな交渉を行い、民間企業と交流し、寄付集めに奔走する。地域の人々や団体と連携する。21世紀の劇場・音楽堂には地域に精通し、政策を理解し、作品制作も可能な人材が不可欠になってくる。

　劇場法の制定は、指定管理者制度にも大きな影響を与えた。単なる貸し

館ではすまなくなり、地域の発展を支える機能や専門的人材が求められることになった。

　その後、文化芸術振興基本法（2001）の改正が行われ、2017年6月には文化芸術基本法が制定された。法律名を変えただけでなく、新たな規定が盛り込まれた。[4]前文で「表現の自由の重要性を深く認識し」と明記された。2条では「観光、まちづくり、国際交流、福祉、教育、産業その他の各関連分野における施策との有機的な連携が図られるよう配慮されなければならない」と述べて、縦割り行政ではなく省庁横断的な総合政策としての文化政策の必要性をうたった。さらに旧振興基本法では基本方針の策定を求めたが、新しい基本法では文化芸術推進基本計画を定めなければならないとしたうえで、36条では文化芸術推進会議の設置を求めた。36条に基づく関係府省庁申合せによると、文部科学省や文化庁にとどまらず、内閣府、総務省、外務省、厚生労働省、農林水産省、経済産業省、国土交通省、観光庁、環境省で構成するとされた。

　このように、わが国の文化政策は新しい時代に入った。劇場法、文化芸術基本法の制定を抜きにして、指定管理者制度を語ることはできない。

注

1　総務省（2016）『公の施設の指定管理者制度の導入状況等に関する調査結果』
　　総務省ホームページ。http://www.soumu.go.jp　（2018年9月25日閲覧）
2　総務省（2018）『地方行政サービス改革の取組状況等に関する調査　報告書』
　　総務省ホームページ。http://www.soumu.go.jp　（2018年9月25日閲覧）
3　地域創造（2018）『公立文化施設の管理運営状況に関する調査研究　報告書』
　　地域創造ホームページ。http://www.jafra.or.jp　（2018年9月25日閲覧）
4　文化芸術基本法の意義については、片山泰輔（2018）「基本法改正と文化政策の今後」日本文化政策学会誌『文化政策研究』（美学出版）第11号、6–11頁、が詳しい。

第1部
指定管理者制度をめぐる理論

第1章

指定管理者制度の運用を
改善していくために

──本格導入から10年余を経て──

帝塚山大学
名誉教授

中川 幾郎

はじめに

　指定管理者制度は2003年6月の地方自治法改正（同年9月施行）によってできた「公の施設」の管理運営に関する新制度である。従来、地方自治法244条に規定する「公の施設」の管理運営の委託先は、公設の財団等に限定されていた。新たな指定管理者制度では、民間企業や非営利団体などにも門戸を開放し、しかも施設の使用許可権も含めて包括的に委任する。施設の管理や企画運営面で民間のノウハウを活かし、機能や魅力の向上を図るのが狙いだが、コストダウンだけが重視されると、公の施設としての機能が逆に下がってしまう可能性もある。自治体の施設担当部局の思考や政策能力が如実に現れる制度といえよう。

　同法施行から3年間の猶予期間を経て、2006年から本格的に導入されており、はや10年余りが経過した。この間、筆者は全国各地の自治体でさまざまな事例を見聞きするだけではなく、実際にいくつかの施設で管理者の選定やフォローアップにかかわってきたが、成功と失敗の二極分化が進んできたとの印象を持っている。とてもうまくいっている事例がある一方、このままでは存続が危ぶまれる文化施設もあり、制度そのものの課題とともに、経年変化に伴ういわゆる「制度疲労」もあるように思う。以下、経験を踏まえながら、指定管理者制度をどのように運用し、改善していくことができるのか、運用面での改善と制度そのものの改善に分けて指摘していこう。

1 指定管理者制度と
NPM理論

　まずは、指定管理者制度の対象となる「公の施設」の説明から入りたい。「公の施設」とは、地方自治法244条に規定された「住民の福祉を増進する目的をもってその利用に供するための施設」を意味する。図書館、公民館、博物館（美術館）、文化会館、市民会館、学校、保育所、幼稚園、国際交流施設、男女共同参画施設、老人福祉施設、障がい者福祉施設、人権センター、児童館、コミュニティセンター、病院、診療所、体育館、プール、公園、広場、駐車場、駐輪場など、市民利用に供されている施設のことである。ただし、学校や道路などの個別各法によって管理者が定められている「公の施設」は指定管理者制度の対象外である。

　改正以前の旧地方自治法では、「公の施設」の管理委託ができたのは、①公共団体 ②公共的団体 ③地方公共団体が２分の１以上出資する法人、の３つに限定されていた。改正後は「法人その他の団体」が指定管理者になり得る主体と定められたので、企業、特定非営利活動法人（NPO法人）、（一般・公益）財団・社団法人、地域団体、あるいは法人格を有さない団体等も含めて、受任団体の対象は広く設定された。さらに従来の単なる「委託」から、首長に成り代わって施設の使用許可権も有する「委任」へと移行することになった。このような民間への門戸開放に伴い、ある民間シンクタンクは推定市場２兆円のビジネスチャンス、との試算を公表していた。

　制度設計の背景にあったのは、英国のサッチャー政権時代に発するNPM（New Public Management）理論である。NPMは、①成果主義 ②市場機構の活用（競争原理の導入）③顧客主義 ④分権化、を基本原理としている。この浸透により、行政担当者がサービス提供者としての意識改革に目覚め、顧客サービスに応える改善をするようになるなどの利点が強調された。

　一方で、この理論の欠点も指摘されている。本場の英国でも、民間との

第1章　指定管理者制度の運用を改善していくために　19

競争に敗れた公設財団職員の処遇問題や、アウトカムを重視する成果主義をいいながら、現場ではインプット重視のコストダウン志向と、アウトプット重視の生産量主義に陥りがちになる、などの問題が生じたという。日本にNPM理論が導入され始めたころ、民間委任で本当に公共性や公益性は担保されるのか、という問題提起がなされた。とくに、人権行政（同和問題、男女共同参画、障がい者、在住外国人関連の政策分野）や文化行政においては、社会福祉の理念に基づく社会開発投資型の事業が求められるだけに、競争原理をどこまで導入できるのかという迷いや試行錯誤が当然ながら生じた。

　筆者はとくに、顧客主義を「市民満足主義」と言い換えることに対して、ポピュリズムに流れてしまうのではないか、との懸念を持っている。自治体行政の個々の事業において、「サービス受給者市民」と「租税負担者市民」は、職域的、世代的、地域的に対立する存在でもある。国民健康保険事業、保育サービス事業、市街地再開発事業などをみるとき、両市民は決して一体ではない。サービス受給者がマイノリティ（少数派）である場合、多数派に人気のある施策ばかり選択するのは、ポピュリズムの弊害を招いてしまうことになる。

　さらに、官僚機構における現場への分権化を掲げるにしても、市民統制が働かない官僚システムを温存したままでは、現場主導型の権限と予算の囲い込みばかりが発生してしまう。

　こうしたNPM理論の欠陥から生じる混乱や思い込みは、とくに文化施設における指定管理者制度の運用面で、色濃く出てしまいがちである。NPM理論の中心的指標である経済性（コストダウン）、効率性（パフォーマンスアップ）、顧客満足（カスタマーズ・サティスファクション）主義を、当該文化施設の目的や理念を無視して機械的に当てはめてしまった結果、現場職員の負担増やそこから生じるモラル・ハザード、手っ取り早く集客増が見込めるプログラムへの「選択と集中」など、気になる事象があちこちで見受けられる。

　本来の自治体行財政改革を志向する観点から考えるならば、単にNPM理論を無批判に受け入れるのではなく、その視点にステークホルダー（利

害関係者）あるいは地域経営者としての市民の存在を視野に入れなくてはならない。つまり、地域ガバナンス（共治）を促進する取り組みが欠かせない。社会資本（ソーシャル・キャピタル）としての個人市民結集型市民団体（アソシエーションやNPO）の形成に貢献することも制度設計の狙いに含めなくてはならない。

　このように、地方公共団体の財政改革ばかりではなく、自治システムとして行政改革を志向するとき、指定管理者制度の導入は、単なるコストダウン論にとどまるのではなく、根本的な視点からもう一度アプローチをし直すべきであると考える。

2　総務省自治行政局長通知の影響

　「公の施設」は、そもそも何らかの公共的使命をもって設置されるものである。個別の設置条例には施設設置の理念、目的が明記されているはずだが、それ以外にも、地方自治体の総合計画、各種分野別計画、自治体宣言などで、公共的使命や政策目的として示されている。ところが、指定管理者の仕様書づくりや業者選定を行う際に、使命や目的と照らし合わさず、コストダウンや利用率の向上だけをベースにしている事例が少なくない。指定管理者制度の運用にあたっては、経済性、効率性だけでなく、「何のために（公益性）」「だれのために（対象）」という政策的使命（ミッション）を明確にすることが前提となる。新たに政策的有効性という価値概念も視野に入れなくてはならない。

　ところが、指定管理者制度導入から10年余を経ても、残念ながら、経済性や効率性だけを前提とした同制度のイメージが固定化してしまってい

第1章　指定管理者制度の運用を改善していくために　　21

る。民営化による安易なコストダウンとサービス向上信仰が、自治体幹部や職員らの脳裏に妖怪のようにはびこってしまった。極めて残念な事態である。筆者の考えるところでは、その誤った指定管理者制度のイメージの原点は、本原稿執筆（2018 年）からさかのぼること 15 年前にあった。2003 年 7 月 17 日の総務省自治行政局長通知である。

　同局長通知は、次の 4 つの柱からなっていた。1 つには「住民の平等利用の確保」、2 つには「施設効用の最大化」、3 つには「管理経費の縮減」、そして 4 つには「管理を安定的に行う物的、人的能力の保有」である。要約すると、①公平性 ②施設効用最大化 ③経済性 ④安定性ということになる。筆者自身、この通知を全面的に否定するつもりはない。①の公平性は地方自治法からみて当たり前のことであり、④の安定性も 5 年程度の指定管理業務を全うできないような不安定な団体では困るわけだから異論はない。気になるのは②の施設効用最大化と③の経済性（管理経費の縮減）を取り上げた点である。

　なぜなら、「効用」という行政になじみにくい言葉は本来、経済学用語であり、英語でいえば「ユーティリティ」、すなわち消費者満足度を意味する。地域内で積極的にまちづくり活動に励む市民、あるいは地域外で仕事をして自宅には寝に帰るだけの住民、などと消費者である市民といってもいろいろな類型がある。市場経済における消費者満足とは異なり、ひとくくりにできない概念である市民の満足度をどうやって測定するのか。科学的には不明確である。

　さらに筆者の印象では、「効用」がいつの間にか、「効率」という言葉に変容して受け取られてしまったのではなかったかと感じる。「効」という同じ文字があるだけに、意図的だったのか無意識だったのかは別として、自治体職員らは「効率の最大化」と言葉を勘違いしてコストダウンの道に走った、というのが制度導入後 10 年余の物語であろう。局長通知で経済性をうたったものだから、自治体幹部の願うコストダウンへの道は一層加速していった。その路線は制度導入後 10 年を経ても一向に改まらない。改まるどころか一層強まっている感がある。

3 「機関」と「施設」を 峻別すべき「公の施設」

　先に触れたように「公の施設」とは、地方自治法第244条に規定された「住民の福祉を増進する目的をもってその利用に供するための施設」を意味する。さらに、「公の施設」は大中小のレベルに3分類できるだろう。大きなものとしては道路、橋、公園などのアーバン・インフラストラクチャー（都市基盤）をいう。中規模のものならば競技場、体育館、プール、駐車場などを指す。小さなものでは児童館や障がい者福祉施設などを挙げられる。文化施設は自治体レベルでは中あるいは小に含まれよう。

　「公の施設」は前記のような規模別3分類のほか、もう1つの分類が可能である。それは「物的サービスが主体のもの」なのか「人のサービスが主体のもの」なのか、である。同じ「公の施設」と呼んでも、2つに大別することができる。たとえば駐車場にも管理するスタッフは必要だが、人のサービスはメインではなく副次的なものである。ゲートが故障したり、釣銭が出なかったりする際に対応する人的サービスは求められる。対して老人福祉施設、国際交流施設、男女共同参画施設等の現場を思い浮かべてみよう。ただ建物があるから、というだけでなく、専門的なスキルを持った職員のサービス具合が、当該施設の使い勝手や信頼と評判を大きく左右する。施設の専門性が高まるほど、人材の機能も高いものが要求される。突き詰めるとこうした専門職員には資格が必要となる。病院で言えば医師や看護師である。図書館であれば司書、博物館（美術館）でいえば学芸員が資格を有する専門職に当たる。

　施設設置者側である自治体担当者は、こうした両者の境界線を丁寧に交通整理しなくてはならない。境界線を分けるための用語は「インスティテュート」と「ファシリティ」である。前者は「機関」と訳されるもので、建物だけでなく専門職がサービスを行うところである。対して後者は「施

第1章　指定管理者制度の運用を改善していくために　23

設」と訳され、単純な反復サービスを行うところなのである。本来、文化施設はすべてが「インスティテュート」であるべきなのだが、不幸にも1980年代以降に建てられた自治体文化ホールの大半は貸し館業務が中心だった。この好ましくない前例によって文化ホールは「ファシリティ(単なる貸し施設)」扱いされてしまってきたのだった。

　その証拠として挙げられるのは、総務省が2017年4月1日現在の状況を伝える「地方行政サービス改革の取組状況等に関する調査(2018年3月28日)」の結果である。同調査によると、市区町村の施設に絞ると、文化会館の指定管理者導入率が51.9％に達していた。対して、インスティテュートとして認識されてきた図書館の導入率は17.4％にとどまり、博物館は27.8％であった。この数字は、自治体自体が、文化会館に関しては専門家のいる「機関」とは思わず、貸し館中心の「施設」であるという前提で臨んでいるからではないかと推測できる。対して司書や学芸員が必要な図書館や博物館には、指定管理者制度の導入に極めて慎重である様子が浮き彫りになってくる。他の施設の導入率をみると体育館が38.6％、競技場が46.7％、プールが48.5％だった。驚いたことに文化会館は体育・スポーツ系施設よりも導入率が高かったのである。

4　社会資本形成の

視点

　改めて言う。指定管理者制度を導入するにあたって地方自治体は、はじめにそれぞれの施設の設置理念、目的を明らかにしなくてはならない。すなわち施設ごとにどのような基準(価値軸)で指定管理者を選定するのか、また「業務の範囲」を定めるにあたってどのような事業内容(実現される価

値）を期待するか、などの点で、その存立思想（価値観）を明確にするべきである。そうでなくては、応じる側は安定性（団体の信用度等）と経済性基準を重視して参画してくるほかはない。曖昧な基準のままで指定管理者制度が導入された場合、見事にすべての施設で経済性、効率性の価値軸が重点的に適用されてしまう危険性が生じる。

そもそも政策の「有効性」とは、ある政策が一定の価値観・価値軸に沿ってどれだけ有益な社会変化をもたらしたか、ということである、すなわち公共施設の「効用の最大化」、すなわち「有効性」を判定する前に、その機軸となる公共的な価値概念が確定されていなくてはならない。（図表1参照）

図表1　政策評価軸のヒエラルヒー

		区分	評価軸	説明
経営政策	理念	使命（Mission）		どのような価値観に基づき、どのような方向へ
同	政策	目標（Objectives） 戦略（Strategies）	有効性（Effectiveness） Outcome	だれのために、何を目標として、どのような施策の組み合わせで
経営管理	計画	戦術（Tactics）	効率性（Efficiency） Output	最適資源を組み合わせて、どのくらい多く、よいものを
同	実行	遂行（Execution） 管理（Control）	経済性（Economy） Input	どのくらい少ないコストで

出典：中川幾郎・松本茂章編著『指定管理者は今どうなっているのか』（水曜社）187頁。筆者作成

▼2

有効性指標の価値軸としては、外部経済効果や公共的価値としての人権、福祉、安全、環境、社会倫理向上等のほか、雇用創出、人材育成・開発、地域自治力向上、地域共同性開発等の公共的価値が多様に想定できる。このように当該施設の設置理念、政策目標、事業設計、事業実行という一連の階層構造をつなぐ価値観・価値軸（理念）が、多様かつ複数に明示さ

れる必要がある。コストダウン（経済性）やサービス・パフォーマンス（効率性）追求だけですむほど単純なものではない。

　駐車場・駐輪場等の民間市場補完型・単純サービス供給施設ならば、経済性重視でもよい。しかし福祉施設や、自治、文化、人権など市民社会開発を目的とする明確な公共的政策目標を持つ施設の場合、それでよいだろうか。そこには、さらに上位の経営政策上の目標が存在しなくてはならず、どのような価値観（使命＝ミッション）に基づいて、どのような社会変化を達成したか、すなわち政策（＝戦略）の有効性が問われるのである。かりに見かけ上の赤字が生じても、それを社会資本形成のための投資、と考える視点も必要であろう。

　この価値概念の確定、目標設定、事業設定に当たって、近年、「市民参画」の重要性が増してきた。なぜなら、協働統治（ガバナンス）の当事者である市民による経営参画の必然性が強く意識されてきたからである。地域のガバナンス論については、第2部で松本茂章氏が好事例を紹介しつつ、丁寧に取り上げているので、ここでは重要性を指摘するだけにとどめる。

　何より、指定管理者制度を導入する以前に、地方自治体は、市民との協働による施設の理念確立（ミッション確認）、政策目標確認、事業選択、実行システム設定のプロセスが必要であろう。それは、経営者としての「市民」との協働作業による使命確認と戦略選択でもある。

　そのうえで、指定管理者の選定基準や業務範囲と連動して示されるであろう「施設効用の最大化」に相当する価値指標の因数分解と明確化が課題となってくるのである。経済性、効率性以外にも、有効性指標の価値軸としては、外部経済効果や公共的価値としての安定性、環境性、審美性、倫理性・人権、さらには人材開発や地域自治力向上等の公共性価値が多様に想定できることは、先に述べた通りである。このように当該施設の設置理念、政策目標、事業設計、事業実行という一連の階層構造をつなぐ価値観・価値軸（理念）が、多様かつ複数、明示される必要がある。

5 指定管理者を
選ぶ判断軸

　これらの論点を吟味したうえで、どのような指定管理者を選定していけばいいのか、筆者なりに整理してみた。その際に考慮すべき視点は、

1. 施設（ファシリティ）管理のみか政策的事業主体（インスティチュート）でもあるのか
2. 施設の機能、事業における専門性と人的資源の確保
3. 施設規模（大中小）と立地条件（都市部と郡部）
4. 指定管理者たり得る団体の存否、分布
5. 雇用の不安定化をもたらさず、また社会資本形成につながるか

という5つの点を吟味するべきである。

　1の視点からは、指定管理者が政策的事業主体となるならば、そもそも政策目的に適合した団体設立使命（ミッション）を有する団体が指定管理者となることが望ましい。そのためには団体適格性の審査も必要と考えるべきである。たとえば男女共同参画施設の指定管理者に正規の女性職員がおらず、女性登用計画もないということは許されるものであろうか。障がい者福祉施設の指定管理者が障がい者雇用率も達成せず、反則納付金も納めていないということが許されるであろうか。その他の施設においても、最低賃金保障、環境配慮基準、内部コンプライアンス・システムの有無、ISO取得、その他の社会貢献等の事項を追加点式に考慮するべきであろう。

　2の視点では、施設機能、事業の専門性を担保し得る職員、技術のストックと活用のスキルを有しており、それが行政による直接経営よりも効率的、あるいは生産性が高いかどうか、が判断基準となる。その結果として、民間団体あるいは既設財団等が勝るのならば、当該団体が指定管理者たり

得るのである。

3は、大規模中枢施設か地域コミュニティ立地型施設か、都市部に立地する施設か郡部にある施設かの違いである。大規模では都市部に立地するほど民間企業のインセンティブも働くが、小規模で郡部立地になるほどインセンティブは働きにくい。現実には直営方式が多いものの、政策目的に合致するコミュニティ団体、NPO 等が登場するチャンスも大きくなる。そして住民自治、地域自治力の向上という公共的に有益な効果をもたらすことでもある。

4は、指定管理者たり得る団体が現実に当該自治体エリア、または近隣エリアに存在するのかどうか、ということである。駐車場、駐輪場などの単純な施設管理やサービス供給業務の場合、地理的条件を乗り越えて、なお規模の利益を追求することが可能である。大手の事業者が参入することも考えられる。対して政策型事業を有する「公の施設」では、地域実態を熟知し、かつ政策目的に合致した団体がそのエリアに現実に存在するのかどうか、が基礎条件となる。

5では、さらに以上の条件と併せて考慮するべき点を挙げた。地域雇用の確保・創出、地域経済の自立性という視点である。いたずらにコストダウンを追い求めるあまりに、低賃金労働の固定化、雇用の不安定性をもたらすような愚は避けなくてはならない。また、地域経済への還流をまったく意識しない外部事業者を起用するコストダウン追求は、結果として地域経済の縮小をもたらす危険性もあることを、自治体幹部は自覚するべきである。

6 残されている諸課題

　以上のような視点が、指定管理者制度の運用改善に向けて考慮されるべきだが、ほかにもいくつかの重大な改善課題が同制度運用には残されている。

　第一には、自己利益行為に対する規制がない点である。たとえば道路建設や施設建設などの公共工事の場合は、競争入札やコンペをする義務が課せられているうえ、入札の際には首長、特別職、議員等が経営に関与する事業者等は加われない。

　しかし指定管理者制度では、首長が理事長を務める財団が指定管理者に選定され得る。法律上の禁止はない。同じ弁護士が被告と原告の代理人になるようなもので、民法には「双方代理の禁止」という一般原理がある。商法ならば自己利益行為になる。公益法人関係法令では利益相反とされる。残念ながら指定管理者制度では、こうした「身内」的な団体を排除する法理は働いていないのが実情だ。首長の配偶者や家族が経営する団体が指定管理者に選定されることは否定されない。筆者の指摘を受けて、首都圏などの自治体では条例のなかで首長・議員等関連団体を排除する兼業禁止規定を盛り込んだところも出てきている。とはいえ全国的にはそこまで浸透していない。

　同じように指定管理者に選定されている、自治体設立による公設型財団が自治体庁舎の会議室で理事会を開くことなども、利益相反行為にあたる恐れがある。自治体による財団に対しての過剰な影響力の行使になるという考え方である。近年、自己利益行為や利益相反行為は厳しく正される傾向があるので、注意が必要であろう。

　第二の課題としては、指定管理期間の短さである。制度が始まった10年ほど前は、公設型財団への随意指定をするために暫定的に「3年」と定

めた自治体が多かった。その後、２期目、３期目の選定を経て「５年」が多くなっているようだ。しかし実は、５年でも短すぎる。各地の関係者の声に耳を澄ますとき「10年」以上に延ばすべきであると考える。決して長くはない。PFI事業の場合、30年程度の期間を与えていることを考えるならば、10年は特段長いとは思えない。ただし毎年、中間評価を義務づけるべきであろう。そうすれば自治体と指定管理者との意思疎通を図ることが可能である。中間評価には次の４つを盛り込みたい。１つには合法規性。法律違反がないか、コンプライアンスを守っているか。２つには経済性。過剰なコストを投入していないかどうか。３つは効率性。サービスのパフォーマンスを問う。４つは有効性で、自治体の政策目的に適合しているか、をみる。

　課題の第三は、多くの自治体が指定管理料の支払いを債務負担行為として議決していない点である。自治体の予算は単年度主義なので、毎年度、自治体は指定管理料を定めて当初予算に計上して議会の議決を得ている。関係者から聞こえてくるのは、前年度より指定管理料を減額された……という公設型財団の悲鳴のような声である。たとえば毎年１億円の指定管理料を定めて５年間の契約を交わすのなら、５億円分の支払いを確約する債務負担行為の議決が欠かせないはずだ。公共工事ならどこの自治体でも行っている。毎年、予算を計上する場合、いつもではないが、財政事情の切迫からときに減額される場合があると聞く。とくに自治体の天下り職員や、派遣職員がいる公設型財団の事例に多い。こんな悪例は見逃せない。「フェアトレード」ならぬ「アンフェアトレード」になってしまう。

　指定管理者制度のよい点の１つには、いくつかの議会議決が必要になったので、議員が関心を寄せるようになった状況が挙げられよう。同制度導入の際は手続き上「公の施設」の設置条例が改正され、議決が必要となった。さらに指定管理者の選定に議決が求められる。この２つの議決以外に３つ目の議決（債務負担行為の承認）が欠かせないと筆者はこの場で指摘しておきたい。

　課題として挙げたい第四の点は、最低制限価格の設定である。道路や施

30　第１部　指定管理者制度をめぐる理論

設の建設などの公共事業の競争入札では最低制限価格が定められている。あまりにも安く受注するとき、手抜き工事が懸念されるからである。逆にいえば、建設工事を受注するのが民間企業であっても、自治体内部の人材が常識的な工事価格を積算できて、最低制限価格を設定する能力があるというわけである。そのような人材として各自治体は土木や建築を学んだ技術職を採用している。対して文化行政などの場合、自治体には専門官がいないとされる。文化専門官がいないので、事業費にどれぐらい費用がかかり、芸術家らへの謝礼がいくらぐらいの相場なのかが分からない。だから最低制限価格を決められない。

　しかし文化専門官がいないなら、行政の外部に価格算定できる専門団体があるはずであり、そこに算定業務を委託すればよい。そもそも費用を積算できる職員がいないような領域にこのような制度を導入したこと自体、疑問に思えてくる。

7 改めて「自治体文化政策」を明確化する必要性がある

　筆者は自治体職員を経て研究者に転じた。それだけに後輩である自治体職員に期待するところが大きい。なかでも大阪府は 1970 年代から自治体文化行政を先導してきた土地柄であり、自らが現役時代は文化行政に熱い思いを寄せる自治体職員が少なくなかった。それだけに文化行政への関心が低くなっているのでは、との懸念を抱いている。

　忘れてならないのは、文化行政は法定外自治事務であることである。自治体に文化行政を遂行する法的義務はない。図書館や劇場・音楽堂のない自治体だって認められる。これまでの慣例あるいは慣行として毎年、単年

度ごとに文化予算を議決して執行してきただけに過ぎないともいえる。逆にいえば、自治体の独自性を発揮できる大切な分野でもある。

　文化行政に関連する施設といえば、図書館、博物館（美術館）、公民館、劇場・音楽堂等が挙げられる。さらに男女共同参画施設や国際交流施設等も、人権政策や文化政策の双方からアプローチできる。しかし図書館法にしても基準法であり、こういう図書館でないと地方交付税交付金を支払う対象になりませんよ、という目安である。設置しないと法律違反というわけではない。文化行政にはそういう基盤の軟弱性や危うさがあるだけに、歴代の自治体幹部や職員は格別の思いを込めて取り組んできたと振り返る。

　しかし文化行政分野においては、指定管理者制度が導入されて以降の10年で、地方自治体職員の行政能力が随分と落ちてきた印象がある。3〜4年の人事ローテーションを繰り返すうえ、同制度導入後には地方自治体から公設型財団に派遣される職員の数が急減したことから、職員自身が文化施設の現場を知らなくなっている。公立文化施設のありようがこのままでいいのかどうか、筆者の危機感は強まるばかりである。

　各地の自治体を回ると職員らから実情を聞く機会がある。体感的に語ることが許されるならば、本章の最後に、指定管理者制度の弊害を申し上げたい。本来、指定管理者制度の利点は専門的機能の外部調達にあった。しかし先述したように、多くは単なるコストダウンの手法に転落してしまった。制度導入後10年を経て、弊害はいろいろな面で生じてきている。たとえば、図書館や美術館等に指定管理者制度を導入して民間企業が選定された場合、その施設の専門職員が、他の自治体直営館に転職したがる傾向があると聞く。文化ホールにしてもコストを削減された場合、技能のある職員は、安定した公設型財団が指定管理者である文化施設に移りたがるとの動きも耳にした。制度導入後、指定管理者施設の現場ではどんなことが起きたのか？

　1つには、非正規雇用労働者の増加である。受任された指定管理者はコストダウンに対応するため、人件費削減を図り、低賃金労働者の雇用をやらざるを得ない。その典型が文化ホールである。

２つには、その土地に根ざした専門家が育たなくなる。図書館司書、博物館（美術館）学芸員、劇場・音楽堂のアートマネジャーたちのような専門職は、全国共通の基礎能力が不可欠である。筆者はそれを「専門基礎能力」と呼ぶ。しかし彼ら彼女らが成熟していくためには基礎能力だけでは不十分で、その都市や土地に立脚した専門能力の鍛錬が必要になる。筆者はこれを「専門応用能力」と呼んでいる。やる気があり、専門的な能力を高めた職員が育ったとして、その都市や土地を去ってしまうと、培養した専門能力は元の木阿弥になってしまう。地域や土地に根ざした、専門的な能力を有する職員を配置するためには、指定管理者制度は実になじみにくい面があると思われる。

このように制度設計後の10年を振り返るとき、人材面を考えるだけでも、指定管理者制度に疑問を抱かざるを得ない。現実に外部の専門団体に指定管理を委ねている自治体であっても、同制度を継続しつつ、やはり地域に適合した専門人材を養成する方向に向かうべきだろう。あるいは、直営に戻して自治体内部で専門家を育てるという道もある（指定管理者制度を取りやめて直営に戻している事例もある）。

いずれにしろ、文化施設担当の自治体幹部や職員には、いま一度、考えていただきたい。自らの自治体が、どのような公益的政策目的を持ちながら、だれに対して文化行政を遂行するのか。指定管理者制度を適用、評価する以前に、自らの自治体に文化政策の基本理念、基本政策、施設・事業計画が体系的に確立され、内外に明確化されているのかどうか、を問い直していただきたい。

筆者が信頼できる自治体は、文化基本条例を策定し、同条例に基づいて文化振興基本計画をつくり、審議会を設けて市民や専門家でチェックする……という３点セットを有している自治体である。条例があっても理念だけで、計画のない自治体は実施に難点がある。計画をまとめたものの、条例のない自治体は市長交代後の姿勢に懸念が残される。都道府県や政令指定都市でも文化基本条例を制定した自治体は半数以下である。まして３点セットを有する自治体は全国のなかで10％未満であろうと筆者は実感し

ている。

　文化施設に対する指定管理者制度の適用は、単なる貸し施設、余暇社会対応施設、民間市場補完型サービス供給施設と考えている自治体と、文化的人権政策としての市民文化政策を明確にしている自治体によって大きく異なる。さらに、経済政策としての都市文化政策（戦略）を明確にしている自治体においても異なる。つまり、指定管理者制度の運用実態を見れば、当該自治体における文化政策の水準もあからさまに見えてくるのである。

※本稿は、『月刊自治研』2006 年 1 月号（自治労本部内自治研中央推進委員会）掲載の中川幾郎「市場化の『有効性』を検証する」や、中川幾郎・松本茂章編著『指定管理者は今どうなっているのか』（水曜社、2007 年）の中川幾郎「指定管理者制度を検証する――選定と業績評価手法をめぐって」をもとに大幅な加筆修正を行い、新しい原稿にしたものである。

注

1　総務省（2018）「地方行政サービス改革の取組状況等に関する調査」
　　総務省ホームページ。http://www.soumu.go.jp/iken/02gyosei04_04000088.htm（2018 年 9 月 25日閲覧）
2　表の作成にはフィリップ・コトラーの概念を参照した。

第1部
指定管理者制度をめぐる理論

第2章

文化芸術分野における

「物と人の混合」

——公の施設の指定管理をめぐる
　　公民連携・公民切断の効用と課題——

東京大学
大学院法学政治学研究科・
法学部
教授

金井 利之

はじめに

　文化芸術分野においては、しばしば、図書館・美術館や文化会館など、文化芸術目的に利用される建物が整備される。いわゆるハコモノ行政である。ハコモノ整備は、文化芸術政策においても、重要な政策手法となってきた。ハコモノとして整備することは、形の見えない文化芸術（ソフト）において、政策手段として目に見える形（ハード）を与えることである。それゆえ、政治・行政的に取り組みが容易になる。また、住民から見ても、ハコモノの方が要望を目に見える形として提示しやすい。さらに、住民が実際にサービスを享受する点でも、ハコモノを利用する方がわかりやすい。

　自治体の文化芸術政策は、ハコモノである「公の施設」として具象化されることが多い。それゆえ、文化芸術分野における公民連携が検討されるときは、このハコモノである「公の施設」における公民連携が論点として登場する。もちろん、観念的には、文化芸術政策はハコモノを要しないことも可能であるので、「公の施設」と無関係に公民連携を展開することは可能である。たとえば、「市民祭り」や「映画祭」「写真展」が文化芸術政策であるとき、一種のイベントとして展開されれば、必ずしも常設的なハコモノを要しないからである。しかし、多くの場合には、ハコモノとして展開される以上、「公の施設」における公民連携が問われるのが普通である。

　そこで、本章では、文化芸術分野における公民連携の特質を、「公の施設」における公民連携の問題として、検討してみたい。「公の施設」というハコモノに関しては、施設と運営の関係が問われる。施設という物の側面と、運営という人の側面が、一体的になされるのか分離しうるのかが、重要な課題である。また、人的営為においても、すでに本庁所管課から切り離された「公の施設」とすることが政策手段である以上、政策の企画・立案と実施の分離がある程度は想定されている。それゆえに、本庁所管課の行政と、「公の施設」の運営に当たる組織とが分離しうるのか、つまり、財団や指定管理者に運営をいかに任せるのか、も問われてきた。

以上の観点から、本章では、1において、「公の施設」の一般的な特質について論じたうえで、2において、文化芸術分野の「公の施設」における公民連携について検討をしたい。

1 「公の施設」と「物と人の混合」

1–1　「公の施設」

「公の施設」の法制

　地方自治法第2編第10章に「公の施設」が規定されている。その条項はわずか4か条の簡潔なものである。それによれば、「住民の福祉を増進する目的」があり「その利用に供するための施設」であって（244条1項）、「正当な理由がない限り、住民が公の施設を利用することを拒んではならない」（同条2項）し、「不当な差別的取扱いをしてはならない」という（同条3項）。

　そして、「公の施設の設置及びその管理に関する事項は、条例でこれを定めなければならない」（244条の2第1項）。さらに、「条例で定める重要な公の施設のうち条例で定めるとくに重要なものについて、これを廃止し、又は条例で定める長期かつ独占的な利用をさせようとするときは、議会において出席議員の三分の二以上の者の同意を得なければならない」（244条の2第2項）という。加えて、公の施設に関する審査請求に関して首長が決定するときには、議会に諮問しなければならない（244条の4第2項）。

「公の施設」と内部組織

　これらの規定からは、「公の施設」とは、住民に広く等しく利用できる

第2章　文化芸術分野における「物と人の混合」　37

ものであること、そして、首長など執行機関だけで決めるのではなく、議会が強く関与するものであることが分かる。単なる執行機関の補助機関である行政組織に留まらない、公開性・公平性が求められているのであり、まさに「公」なのである。それゆえに、支所・出張所、行政機関（保健所など）、内部組織と違って、章立てが区別されている。

　もっとも、執行機関の補助機関においても、支所・出張所（155条2項）、行政機関（156条2項）、長の直近下位の内部組織（158条1項）も条例事項であり、その限りでは、「公の施設」と同じである。つまり、特定の「公の施設」が組織図において階層が「低い」としても、「直近下位の内部組織」（局制であれば局、部制であれば部）に相当する「重さ」がある。

　ともあれ、以上のような地方自治法の規定だけでは、「公の施設」とは何を意味するのかが判然としない。以下では、自治実践において考えられる「公の施設」の2つの側面を論じてみたい。第一はサービス供給体としての側面であり、第二はハコモノとしての側面である。

1-2　サービス供給体としての「公の施設」

「物と人の混合」

　「公の施設」は、1947年地方自治法では、もともと「営造物」と呼ばれていたものである。当初は、同法第9章第1節「財産及び営造物」として規定されていた。「公の施設」として独立の章となったのは、1963年改正法による。しかし、今日でも、「公の営造物」という概念は、現行国家賠償法にも存在するので、その定義は法的には明確であるといえよう。[1]国家賠償法2条1項は、「道路、河川その他の公の営造物の設置又は管理に瑕疵があったために他人に損害を生じたときは、国又は公共団体は、これを賠償する責に任ずる」と規定している。

　また、地方財政法23条でも「国の営造物」は存在し続けている。そして、同法24条は、前条に対置する形で、「地方公共団体の財産又は公の施設」が規定されている以上、「国の営造物」と「地方公共団体の公の施設」

は、対応する互換概念として使われていると見ることもできる。

　道路・河川などの土木的な社会資本基盤を中心に捉えてしまうと、自治体で通常イメージされている「公の施設」とは乖離するだろう。また、道路・河川という物を想定することにも繋がるかもしれない。しかし、ただの物を放置するのではなく、設置または管理するという人的営為が想定されているから、営造物とは「物と人の混合」ということである。自治体における「公の施設」も、基本的には「営造物」を引き継いだ概念であるとすれば、「物と人の混合」ということになろう。

人的営為

　その際に、人と物とのどちらが行政サービスとして本質的かと考えれば、人の方である。行政をサービスとして捉えるならば、ある意味で自明なことである。住民にサービスをできるのは、最後は人である。たとえば、公立図書館が「公の施設」でありうるのは、図書館という建物があること自体ではなく、そのような建物を使って図書館司書などが閲覧・貸出・選書・検索などの図書サービスを提供することだからである。

　また、物そのものが住民にとって行政サービスになるのは、その物が住民にとって、すでにすぐに使える状態になっている、いわば、住民が自らサービスを享受できる状態になっていることである。そのような状態に整備または管理すること自体が、行政の人的営為である。たとえば、道路自体は物であり、住民は行政職員の人的営為を借りずに、自分で利用して移動する。しかし、道路を利用できる状態にするという行政の人的営為こそが、「公の営造物」または「公の施設」の本質であるといえよう。

　公立図書館も、完全に自動化して、直接には人員を要さない状態にすることはできるかもしれない。図書館という建物に、書籍・雑誌という物を配備しておき、それを住民が自分で閲覧・貸出・選書・検索をすることはできる。その意味では、図書館なるものは、道路と同様に、純然たる物に転換することは可能かもしれない。しかし、道路と同様に、自動に閲覧・貸出・選書・検索できるような状態にする行政サービス自体が、「公の営

第2章　文化芸術分野における「物と人の混合」　39

造物」または「公の施設」の本質であろう。

　企業の生産関数が示すように、市場サービスはＫ（資本＝物）とＬ（労働＝人）から生産される。同様に、行政サービスも物と人から供給される。しかし、行政サービスの本質は、物単独でもなければ人的営為単独でもない。結果として供給されて利用される行政サービスなのである。地方自治法244条1項の規定にあるように、「住民の福祉を増進する目的をもってその利用に供する」ような「物と人の混合」こそが、「公の施設」なのである。[2]

市町村行政サービスと「物と人の混合」

　もっとも、このように「公の施設」または「公の営造物」を規定すると、役場庁舎という物と行政職員という人との混合によって供給される市町村の行政サービスは、すべて「公の施設」または「公の営造物」とも言えてしまう。しかし、市町村の行政サービスのすべては「公の施設」とは位置づけられず、現実に法制的に「公の施設」とされるのは、市町村の行政から見れば、現場の出先・窓口的な建物などを舞台に展開される行政サービスである。

　役場本庁や支所・出張所などの建物も、公証業務や福祉受給申請手続などの行政サービスを行う意味で、住民の利用に供されることもあるが、しばしば、住民サービスに直接関係のない業務も多く行われているだろう。首長の執務や庁議による意思決定、人事・財政の内部管理業務、総合政策や個別政策の企画立案などは、間接的には影響するものの、住民の直接の利用に関わりはない。その意味では、本庁舎などの建物は、「公の施設」にはならないのである。つまり、「公の施設」は、本庁の政策決定から相対的に切り離されて、住民に対して直接にサービスを提供する政策執行の場所なのである。

1–3 「ハコモノ」としての「公の施設」

物の側面

　地方自治法の規定が1963年改正により、「営造物」から「公の施設」に変更されたことを重く見れば、「公の施設」は「公の営造物」ではないということが、重要になるだろう。すでに述べたように、「公の営造物」は、「物と人の混合」による行政サービス供給体なのであるが、「公の施設」はそれと異なるとすれば、単なる物の側面を重視することになるのが自然である。語感から言っても、「設」けるのは人ではなく物であろう。また、「営造物」の人の側面を重視するならば、「施設」という用語ではなく、他の用語——たとえば、「団体」「事業体」など——となったであろう。こうしてみると「公の施設」とは物、日常用語で言えば、ハコモノということになる。

　もっとも、1947年地方自治法においても「財産」と「営造物」が同じ節に入れられていたことを重視すれば、「営造物」も有形財産の側面を重視していたと言える。となれば、「営造物」であろうと「公の施設」であろうと、物ということでは一貫している。[3]

　「公の施設」をハコモノ＝ハードとして理解するのであれば、そこでいかなる行政サービス＝ソフトが展開されるかは、あまり重要ではない。[4]たとえば、図書館施設を整備することは、単に建物を建てることではなく、図書サービスを提供することのはずであるが、ハコモノとしての「公の施設」に関心が及ぶ場合には、建物を建てること自体が重要なことになる。土建国家時代の20世紀第4四半期の自治体にとって、ハコモノ整備はそれ自体として意味があった。なぜならば、その施設がどのような行政サービスを供給するかどうかに関わりなく、ハコモノ整備という土建事業・官公需事業に意味があったからである。

物による負担と公民切断

　もちろん、現実にはハコモノを整備したのちには、行政サービスを供給する業務が不可避的に発生するし、ハコモノそれ自体としても、維持・管

理や補修・修繕の業務が発生する。しかし、ハコモノとしての「公の施設」の建設という点から見れば、このような業務は負担でしかない。したがって、なるべく行政本体からは外部化しようとする誘因が働く。

1963年改正法では、「公共団体又は公共的団体」に対する管理委託制度が導入された。1991年改正法では、「公の施設の設置の目的を効果的に達成するため必要あると認めるときは、条例の定めるところにより、その管理を普通地方公共団体が出資をしている法人で政令で定めるもの」にまで委託先団体が拡大された。具体的には、自治体過半数出資団体（財団法人だけでなく第三セクター株式会社など）や、「当該法人の業務の内容及び普通地方公共団体の出資の状況、職員の派遣の状況等の当該普通地方公共団体との関係から見て、当該普通地方公共団体の適正な管理の確保に支障がないものとして自治省令で定めるもの」である。あわせて、「公の施設」の使用料の代わりに受託者による「利用料金制度」も可能となった。要するに、自治体の外郭団体への外部化が進められた。

さらに、2003年改正法により指定管理者制度が導入され、「公の施設」の管理主体が民間営利事業者にも拡大された。さらに、従前の管理委託制度では不可能とされていた会館などの使用許可のような権力作用についても、指定管理者に外部化できるようになった。

こうして、管理委託や指定管理という形で、戦後一貫して、人的営為の部分が外部化されてきたのである。これは、「公の営造物」における公民連携（公（＝行政）と民（＝民間団体・営利事業者）の連携）というよりは、「公の施設」というハコモノと、ハコモノにおける業務負担とが分離する、いわば、物と人についての公民切断の指向性の現れである。

ハコモノは、整備の段階では行政としても喧伝しうるものであるが、将来的には行政にとっては負担になるものである。行政は、ハコモノを整備したがゆえに、ハコモノで展開される行政サービスから撤退することはできず、また、膨大な維持・管理などの業務を背負い込むことになる。つまり、「公の施設」とは将来的財政負担を意味する。もはや、21世紀の自治体にとっては、「公の施設」とは「負動産」であり、いかにコストを抑

えるかという、財政運営上の関心事でしかない。「公の営造物」としての「物と人の混合」による行政サービス供給という発想は後景に退き、かつてつくってしまった物（レガシー）の処理のため、後世の人が払わなければならない負担となったことが重視される。[5] さらには、行政の公有物を民間開放することによって、民間経済の手段とする経済政策の関心が向くだろう。[6]

2 文化芸術の公の施設における 公民連携

2–1 文化芸術の機能

文化芸術サービス

文化芸術を、行政がサービスとして供給できるかどうかは、一義的ではない。たとえば、公立図書館という行政サービスとして提供されている図書サービスは、民間と競合関係にある。すなわち、単なる貸本業（レンタル業）や読書スペース（喫茶店など）ということであるならば、民間市場サービスでも可能である。また、そもそも、書籍・雑誌は民間市場における財である。それ以外の、音楽、演劇、美術なども、基本的にはサービスを供給する主体は、行政であろうと民間であろうと可能である。そもそも、人々の日々の生活自体が文化を形成していくのであって、文化は民間のものでもある。行政に固有の意味での文化はない。

供給面での公民連携

しかし、現実に文化芸術という機能が成立するか否かは、それに費やせる資金などの負担が可能かに依存する。人々の生活という文化は、人々の

社会経済的な生活の持続可能性の範囲内である。しばしば、個々の庶民にはそれほどの大きな資金などの負担はできないから、豪華・精密・巨大な費用負担のかかる文化芸術を維持するには、それなりの企業経営的な才覚が必要になる。多くの集客ができる限りにおいて、文化芸術が民間市場サービスとして可能となる。とはいえ、そのような市場サービスとしての組織化ができなければ、豪華・精密・巨大な文化芸術は民間では無理である。

　そうなると、巨大な資金を有するパトロンとして、行政が費用負担をすることは有り得る。もちろん、ブリヂストン・石橋家のような民間の大富豪がパトロンとなることもできる。ともあれ、こうしたパトロンとしての行政や富豪も、自らが文化芸術の機能を生み出せるとは限らない。そのため、文化芸術を生み出す人を支援するしかない。それを、プロのアーティストを「お抱え」として直接雇用するか、それとも、専属プロデューサーやキュレーターを直接雇用するか、さらには、さまざまな形で民間人のままで支援するかはともかくとして、本質的に、パトロンとしての公は、単独では文化芸術機能を担うことはできない。[7] その意味で、文化芸術の機能では公民連携は必然である。

　簡単に言えば、行政などの公共部門ができることは、パトロンとして、文化芸術の機能が組織できるような資金負担などの条件整備を行うことである。[8] 行政ができるのは、基本的には条件整備という外的事項だけである。かりに、文化芸術の担い手を「お抱え絵師」のように直接雇用したとしても、こうした担い手の創造性と自発性を必要とする以上、文化芸術の中身（内的事項）に行政は関与することはできない。ましてや、民間の文化芸術の担い手に、幅広く文化芸術サービスを提供してもらおうと思えば、なおさらである。

　こうして、文化芸術の中身の供給に関わることは、本質的に民間でしかできない。文化芸術の内的事項は民間の役割である。つまり、外的事項は公、内的事項は民であり、公民の両者が適切に連携しない限り、文化芸術の機能は果たせない。

利用面での公民連携

　また、文化芸術の機能は、それを供給する人だけではなく、それを利用または享受する人を必要とする。人々の日々の日常的文化芸術（民芸など）は、ある意味で、供給者と利用者が一体不可分である。民間市場サービス化されていけば、供給者と利用者（消費者）が分離していくこともあるが、消費者がいなければならない。富豪や行政がパトロンとなるとき、消費者は一般住民ではなく、富豪や行政というパトロンになるかもしれない。

　しかし、現代自治体では、行政が「宮廷文化芸術」のパトロンとなる正統性はない。パトロンとしての行政は、住民を最終的な利用者とする限りにおいてのみ、つまり、住民の代行者となる限りにおいてのみ、パトロンとしての正統性を持つ。供給面の公民連携として、世界的な著名芸術家を招いて世界に発信することには、住民の支持がなければ、必ずしも正統性はない。

　結局、文化芸術は、利用の面でも民間（一般住民）を必要とする。ハイアートとアマチュアの切断は、公民切断または民民切断でしかない。[9]ここでも、公民の適切な連携が求められる。つまり、「公の施設」というハコモノや行政による人的運営を通じて、いかに文化芸術サービスの利用者としての住民を組織化し、住民の文化芸術活動を活発にすることができるかである。この点の公民連携が、実は最も重要なのである。[10]

2–2 文化芸術の「ハコモノ」

行政改革という目的

　自治体の現場では、文化芸術に限らないが、「公の施設」はハコモノであり、現在及び将来への財政負担の源泉でしかない。ハコモノ整備した結果に付随する将来的な維持に関わる負担が、自治体にとっての大きな関心事項である。したがって、民間によって安価な管理体制を構築することが重要な課題であった。これは公民コスト比較による民間優位（安価）を前提とする、民間化である。当初は、管理委託という形でしかできなかった

第2章　文化芸術分野における「物と人の混合」　45

が、現在では指定管理とすることによって、民間事業者によるコスト抑制が広く採用されている。

このような手法は、一見すると公民連携であるが、実質においては公民切断の現象の場合もある。つまり、行政側には、文化芸術サービスに対するパトロンとしての特段の要望はなく、指定管理によってコストを抑制することが主たる目的となる。実際、財政部門・行革部門などを中心に、指定管理者という公民連携が全庁的に推進される場合には、個々の「公の施設」に応じた行政サービスへの内在的な関心は弱く、コスト削減・行政改革が前面に浮上しがちである。

さらに言えば、行政改革の「先進地」という評判を得て、全国の自治体から視察を受け入れ、セミナー講演者・研修講師などとして全国から招請されることが、行革（「資産経営戦略」「経営改革」など名称は多様）[11]部門などの広報対象となる。[12]

指定管理の帰結

文化芸術施設が指定管理になると、行政側も、住民・利用者側も、自らの要望を伝えることはできなくなることがある。すべてが契約に縛られ、契約にない要望には、指定管理者は応答しない。臨機応変な要望を活かした公民連携は不可能な仕組みなのである。指定管理者の特定目的会社（SPC）のもとで実際の業務を下請けする業者は、行政や住民・利用者の要望に応じようと思っても、指定管理者・SPCによってそれを阻まれる。行政側は、SPCとの定期的な協議や、年次評価などによって、指定管理者に要望を伝えることはできるが、そもそも時間がかかる迂遠な回路である上に、契約を盾に指定管理者は対応しないこともある。もともとの契約・業務指示書・仕様書に書いていなければならないからである。

本来ならば、契約段階で詳細な要求内容を盛り込めばよいはずである。しかし、現実には、行政側も住民・利用者側も契約交渉に関わることはできない。契約に至るまでの交渉は企業秘密とされ、具体的に要望を持つ現場や所管課や住民・利用者はそれに関わることはできない。契約前は企業

秘密や創意工夫を盾に、契約後は契約を盾に、指定管理者は行政の所管課・現場や住民・利用者側の意向を聴かないことがある。もちろん、自治体としては、指定管理の契約をしている。しかし、その契約は、行政改革部門・財政部門などが財政負担軽減を目的に交渉をしているのであれば、サービス内容には関心を十分には払わないのである。むしろ、費用削減を指定管理者に自由に提案できるように、行政内部の所管課・現場の要望を詳細に出すことを、契約に当たる行革担当部門などは抑制するだろう。

　こうしたコスト抑制の側面は、指定管理者という形ではなくとも可能である。実際には、人的サービスの供給においても、非正規・アルバイトに切り替えることで、コスト抑制が進められてきた。また、物的側面においても、これまでも個々の業者に個別の業務内容ごとに委託をしてきたものである。この場合には、人を集めてシフトを組み、または、個別の業者にそれぞれに発注するという、施設管理の人的営為が不可欠である。こうした施設管理の営為においては、負担削減一辺倒の問題を緩和し、現場や住民・利用者の要望を活かす工夫の可能性もある。しかし、指定管理者は、こうした施設管理の人的委託の業務コスト及びメリットさえも、外部化するものである。

2-3　文化芸術のサービス供給体

指定管理による公民連携

　すでに述べたように、文化芸術サービスは、供給面でも利用面でも、公民連携を必要とする性質を持つ。そのような公民連携は、公の施設の運営形態が、直営であるか指定管理であるかによって、規定されるわけではない。とはいえ、1で述べたように、少なくとも、現実の多くの指定管理は、ハコモノの負担軽減の側面から、むしろ公民切断として活用されている。

　しかし、指定管理によっても公民連携は不可能ではない。それは、指定管理者の意思と能力次第である。そのような指定管理者が存在するか、また、それを、自治体が期待する財政負担で可能か、は不明である。指定管

理者は、その才覚とノウハウによっては、行政職員が自ら行う以上に、市民・利用者や発注者（パトロン）である行政の観点からして、文化芸術サービスの供給を改善する可能性がある。また、指定管理者が、これまで以上に、住民・利用者を組織化することによって、利用面でも公民連携を改善する可能性はある。逆に、特段のノウハウのある団体がない場合には、消極的に行政サービスを維持するという観点から、既存の管理委託団体などに継続すべく、非公募の指定管理を採用することもできる。▼13

　そして、望ましい公民連携はモニタリングでは達成できない。指定管理者自身の自発性と創造性による。営利事業者である指定管理者に、契約を盾にしないような自発性と創造性を期待することが可能かどうかは不明であるが、指定管理者によっては可能であろう。しかし、それを行政側が、限られた時間と応募者数しかいない選定過程で見抜くことは困難である。

指定管理によらない公民連携

　外的事項が行政の任務であり、内的事項が民間の任務である。かりに、学芸員や図書館司書のような専門職を直接雇用するにせよ、文化芸術の内的事項に関わるのであれば、実質的には、民間人のような自発性と創造性が必要である。行政職員（一般事務職）は、通常は文化芸術については素人であり、外的事項の管理に特化することになる。一般事務職しかいない場合には、行政の内部には内的事項に関われる人材がいないから、より一層、外部の文化芸術を担える人材に依存することになろう。

　公民連携を考えるならば、外的事項に特化する文化芸術の素人である行政職員と、内的事項を担う文化芸術の供給者及び住民・利用者とを、連携することが必要である。このような連携機能を担うのが、おそらく、行政内部にいる文化芸術の専門職であろう。外的事項と内的事項、カネと文化芸術の質、行政と住民・利用者、行政と営利事業者、行政と民間の文化芸術の担い手、などさまざまな公民連携を担うためには、双方の論理を理解して通訳する人材が必要だからである。もちろん、小規模自治体で、文化芸術の専門職を雇用することは困難なこともあろう。また、こうした人材

が、民間側にたまたまいる場合にも、公民連携は可能である。しかし、そのときには、行政側は民間側に適材がいることを見抜かなければならないが、そのようなことは困難である。

おわりに

　愛知県西尾市には、「古書ミュージアム」と自己紹介する岩瀬文庫がある。[14] 宮内庁書陵部や東京大学史料編纂所と比肩するような専門図書館・史料館でもあり、住民の利用に供することを主目的とする狭義の「公の施設」とは言いがたいかもしれない。しかし、西尾市の文化芸術サービスを語るには、不可欠の「公の施設」である。

　岩瀬文庫の創設者は、明治時代に西三河で財をなした地元の資産家である岩瀬弥助である。弥助は利益の社会還元による地元文化の向上を目指し、私財を投じて8万点余の古典籍を蒐集して、私立図書館・岩瀬文庫を1908年に完成させた。講堂や音楽堂、婦人のための閲覧室や児童館等を備えた西尾の文化の拠点的存在となり、さらに、1917年からは今日まで残る煉瓦造りの書庫と児童館（現おもちゃ館）の増築を行った。また、図書の整理・管理は、弥助自身と司書・高木習吉によって行われた。このように、「物と人の混合」によって、文化芸術サービスを提供するという事実上の「公の施設」が、民間資産家の手によって整備されたのである。1930年に弥助が死去すると、弥助の遺言によって財団法人化された。

　しかし、1937年の法人基金の国への献金、及び、1945年の三河地震による建物の被害によって図書館・財団法人の運営が困難になった。さらに、戦後の農地解放・税制改革により、岩瀬家も経済的苦境に陥り、建物の修復も困難となった。ついには、蔵書の売却が検討されたが、岩瀬文庫の窮状や蔵書の散逸を憂慮した市民によって、さまざまな運動が展開され

た。その努力が実り、文庫の土地と建物は財団から市へ寄贈、文庫の蔵書は市が一括購入することとなった。こうして1955年に、岩瀬文庫は西尾市立図書館のベースとなり、現在の博物館・西尾市岩瀬文庫へと続いている。決して豊かではない市民及び市政が、岩瀬文庫を存続させたのであり、まさに公民連携の典型と言えよう。

　文化の危機は戦争、国、天災にあり、文化を支えるのは地域の資産家、市民、市政にある。ホームページによれば、「岩瀬弥助という本を愛する一市民によってつくられた文庫は、市民の支えによってさまざまな困難を乗り越え、百有余年後の現在も設立当初と同じ場所に存続しています」とのことである。

　建物としての岩瀬文庫内に市役所文化振興課の事務所が置かれている。岩瀬文庫は直営であり、専門職（学芸員資格）である6名（世代もバランスを取っている）を中核に、一般事務職の管理職との協力の下に、運営を行っている。この点からすると行政直営の典型のようであるが、岩瀬文庫を拠点に、学芸員を連携役として、幅広く市民や全国の専門家との協働が実現している。より正確に言えば、パトロンとしての西尾市政と、連携役としての行政職員である専門職によって、公民連携が可能になっているのである。

　8万点余の全資料書誌調査をして詳しい内容の書誌データベースをつくる作業を進めているが（2000年〜2028年完成予定）、これは国立大学教授をリーダーに書誌専門の大学院生や学芸員によって行われている。タイトルだけでは分からない中身・装丁・旧蔵・序跋が分かるようになる。ただし、閲覧に来て欲しいので、デジタルアーカイブ化をしていない。岩瀬弥助創設以来、原本をだれでも手にとって見られる状態であることが、岩瀬文庫の方針である。

　上記の沿革にあるように、岩瀬文庫は「市民の文庫」である。2003年のリニューアル後にも、10代から80代までボランティアが参加して、切れた糸の綴じ直しや中性紙の保存箱作成・格納といった修復作業などもしている。さらに、こうした市民が、出前講座のアシスタントを務め、和装本づくり講座などを開催している。また、「にしお本まつり」でも、100

名規模のボランティアが読み聞かせなど本をテーマにしたさまざまな催し
を行う。岩瀬文庫は、優れた蔵書だけではなく、それを理解する市民に支
えられていることが大きいのである。

※本稿は金井利之（2018）「文化芸術分野における『物と人の混合』―公の施設の指定管理をめぐる
　公民連携・公民切断の効用と課題―」『都市自治体の文化芸術ガバナンスと公民連携』公益財団法
　人日本都市センター、24-41 頁、を加筆修正して転載したものである。

注

1　小幡純子（2015）『国家賠償責任の再構成―営造物責任を中心として』弘文堂。
2　根本昭（2009）「公立文化会館の『公の施設』概念及び住民の利用関係等に関する文化行政法上の
　性格に関する一考察」『音楽芸術マネジメント』第 1 号、91 ～ 96 頁、同（2005）『文化行政法の展
　開』水曜社
3　物の側面だけを考えると、「公物」との区別が明確ではなくなる。それゆえに、線や面の 1 次元・2
　次元の物ではなく、箱という 3 次元の物、つまり、ハコモノが典型的な「公の施設」ということに
　なる。もっとも、線（道路・河川など）や面（公園など）の公物・公の営造物に比べれば、実はハコ
　モノの方が小さいことが多く、点（0 次元）の物とも言える。
4　根木前掲論文。
5　永田麻由子・小泉秀樹・真鍋陸太郎・大方潤一郎（2014）「地方公共団体における公共施設マネジ
　メントの取組みに関する実態と課題」『都市計画論文集』Vol.49、No.3、663 ～ 668 頁。
6　大迫丈志（2017）「公共施設の整備・運営における民間活用」『調査と情報―ISSUE BRIEF―』第
　952 号。
7　曽田修司（2005）「公立文化施設の新たな役割―公立劇場・ホールに専門家が関わることの意味に
　ついて―」『跡見学園女子大学マネジメント学部紀要』第 3 号、51 ～ 62 頁。
8　行政がパトロンにならずとも、民間がパトロンになればよいのであって、そのような寄付文化・メ
　セナを促進すれば、行政の条件整備の任務は不要ということもできる。しかし、寄付文化をどのよ
　うに行政が生み出せるのかは定かではない。寄付を促進するために減税するくらいならば、税収を
　充当するパトロンになればよい。減税額以上の寄付が生まれることが寄付促進政策ということにな
　るが、民間のパトロンの活動に公益性がない場合には、単に民間資金提供者の趣味活動を税金で
　支援しているだけということになる。富裕層パトロンが人々の公共利益に資するのではなく、人々
　の公共負担で富裕層パトロンの私的趣味を応援するだけになる。
9　曽田前掲論文、53 ～ 54 頁、59 頁。
10　中村文宣・曽我俊生（2011）「地方都市における芸術文化活動に公共ホールが果たす役割―須坂市
　メセナホールの市民利用と自主事業の分析から―」『地域研究年報』33 号、197 ～ 211 頁。
11　略称は「シケイ」ではなく「サンケイ」である。
12　西尾市ホームページ。http://www.city.nishio.aichi.jp/index.cfm/10,51220,116,692,html（2019
　年 3 月 11 日閲覧）
　前掲永田等論文においても、「先進的な取組みを行っている地方公共団体」へのインタビュー調査
　を行っている。同論文、663 頁、666 頁。
13　金子愛（2014）「指定管理者制度を導入した公の施設の地域的役割：群馬県高崎市を事例に」『地理
　空間』7 巻 1 号、67 ～ 82 頁。同論文は、指定管理を、新設公募、既設公募、新設非公募、既設非
　公募の 4 類型に区分している。このうち既設非公募には、文化会館、音楽センター、シティギャラ

リー、少年科学館、陶芸体験施設、運動公園、野球場、プール、競技場、庭球場、武道館、相撲場、弓道場、ゲートボール場、パークゴルフ場、ゴルフ場、児童館、長寿センター、ふれあい館、クラインガルテン、老人休養ホーム、温泉、斎場などがあったという。とくに前半は文化芸術分野の「公の施設」といえよう。

14 岩瀬文庫ホームページ。http://iwasebunko.jp/（2019 年 3 月 11 日閲覧）
　なお、URL からも分かるように、西尾市役所からの相対的自立性が窺える。

15 にしお本まつり実行委員会の主催で、岩瀬文庫、市立図書館、さまざまなボランティア団体が中心となって、本をテーマとする催しを行う。
　岩瀬文庫にしお本まつりホームページ。https://iwasebunko.jp/event/nishiobookfes/（2019 年 3 月 11 日閲覧）

第1部
指定管理者制度をめぐる理論

第3章

地方自治体が指定管理者制度を苦手とする本質的要因と課題克服の方向性

静岡文化芸術大学
教授

片山 泰輔

はじめに

　指定管理者制度は2003年の地方自治法一部改正によって導入された公の施設の管理運営の制度である。地方自治体が設置した公の施設の運営を外部に委ねる仕組みという点では、公の施設の規定が地方自治法に初めて盛り込まれた1963年の時点から存在しており、管理委託制度と呼ばれていた。したがって、指定管理者制度の特徴やその意義を考える際には、管理委託制度との違いを踏まえることが必要である。

　まず、指定管理者制度の導入が決まった際に最も注目されたのが、管理者となり得る団体の範囲の拡大であった。管理委託制度では、管理者の範囲は、外郭団体等に限定されていた。1991年の地方自治法改正でいわゆる第3セクターまでが可能となったが、地方自治体が50%以上出資していることが条件となっていたため、営利企業とはいっても経営権は地方自治体が握っている法人に限られていた。つまり、管理者は地方自治体の身内の団体に限られていたのである。これに対して、指定管理者制度においては、地方自治法244条の規定は「法人その他の団体」という表現のみであり、法的にはどのような団体でも管理者となることが可能になった。つまり、一般の営利企業や市民が設立したNPO法人等が公の施設の管理者となる道を開いたのである。このことは民間企業にとっては大きなビジネスチャンスとして捉えられた。加えて、1998年のNPO法によって設立が相次いでいたNPO法人にとっても、市民によって公の施設の運営が行われるということで期待が高まっていったのである。一方で、公の施設の運営に営利企業が乗り出すことで公の施設が持つ本来の公的役割が蔑ろにされてしまうのではないか、といった懸念もあった。地方自治法244条の規定は、「公の施設の設置の目的を効果的に達成するため必要があると認めるときは、条例の定めるところにより、法人その他の団体であって当該普通地方公共団体が指定するもの（以下本条及び第二百四十四条の四において「指定管理者」という。）に、当該公の施設の管理を行わせることができる。（地

方自治法244条2第3項)」となっている。つまり、指定管理者制度は設置の目的を効果的に達成するために実施するのであって、それを蔑ろにして導入するものではない。しかしながら、実際には、悪化する地方自治体の財政状況を背景に、サービスの質を落としてでも少ない指定管理料で担ってくれる企業等に運営を委ねるのではないか、という懸念が蔓延していたのが当時の状況であった。

　もう1つ、これまでの管理委託制度との違いとして重要なのは、指定管理者制度は必ず期間を定めて実施されることである。従来制度においても地方自治体と外郭団体等の間で契約を結ぶわけであるから契約期間はある。しかし、基本的には契約期間が過ぎれば更新され続けることが暗黙の前提とされた制度であった。これに対し、指定管理者制度においては、必ず期間が定められ、期間が終わったら次の指定管理者を再度決め直さなければならず、しかも、その際には地方議会での議決が必要となるという点が大きな違いである。たとえ、地方自治体の外郭団体が指定管理者となっていたとしても、期間が来ればこの手続きを再度行わない限り、指定管理者を継続することができなくなったのである。実は、公共サービスの供給に市場メカニズムの導入を図ろうとする指定管理者制度において、期間を決めて実施する、というこの点こそが最も重要な特徴と言える。

1　NPMと指定管理者制度

　指定管理者制度の特徴について、制度導入の背景も含め、もう少し詳しくみていきたい。当時の日本は、小泉純一郎政権のもとでさまざまな行財政改革が行われていた。改革の流れは「官から民」、「分権化」という方向

性であり、最も象徴的な改革は郵政民営化であった。こうした小泉政権の行財政改革の背後には、NPM（New Public Management：新公共経営）という考え方があった。これは1980年代のイギリスにおいて行われてきた行財政改革の考え方であり、肥大化して非効率化した行政部門に民間企業の経営手法や市場メカニズムを導入することでよりよいサービスと効率化を図ろうとしたものである。こうした考え方は、同じような課題を抱えていた英連邦諸国に浸透し、その後、アメリカ合衆国や欧州大陸諸国にも広がった。日本でも1990年代半ばくらいから注目され、国や地方自治体の行財政改革に大きな影響を与えていった。

　NPMの考え方は、概ね、①顧客主義、②権限委譲、組織のフラット化、③事後評価によるPDCAサイクル、④市場メカニズムの導入の4点に要約される。

　まず、「①顧客主義」については、行政組織にありがちな「お役所の論理」ではなく、顧客である住民の満足を重視するという考え方への転換である。民間企業におけるCS（顧客満足）重視の導入といってもよい。

　顧客満足を重視するためにどうしても必要となるのが、「②権限委譲、組織のフラット化」である。目の前にいる顧客（＝住民）のニーズに迅速かつ柔軟に対応していくためには、現場に権限を委譲し、組織をフラット化することが重要である。現場の判断で柔軟に対応し、試行錯誤と創意工夫を行える体制をつくることが求められる。

　現場に権限を委譲することとセットで求められるのが、「③事後評価によるPDCAサイクル」である。現場で試行錯誤して取り組んだ結果がどのような成果をあげたのかを事後的にチェックし、問題があれば正していく、といういわゆる民間企業で行われているPDCAサイクルを機能させることが重要になる。

　最後の「④市場メカニズムの導入」は、現場に権限を与えて試行錯誤させる、というやり方を、組織の外にまで広げる考え方である。業務を外部の企業等に委託し、受託者間で競争させることでサービスの向上と効率化を図ろうとするものである。なお、注意が必要なのは、ここで効率化と呼

56　　第1部　指定管理者制度をめぐる理論

んでいるものは、単なる物的生産性向上（経費削減）のことではない。顧客である住民の満足（効用）を最大化させるような資源配分を実現するというという経済学的な意味での効率化を目指しているものであり、民間委託によって質を犠牲にして経費削減を図るという考え方とは根本的に異なる。

　以上のような考え方は、これまでの行政の組織文化に対して180度の意識変化をもたらすものである。行政においては、法律や規則、予算、そして前例や上司の命令によって、職員は「機械の歯車」のように「正しく」行動することが求められてきた。自らの考えや試行錯誤を盛り込むことは奨励されるどころか、むしろ禁じられてきた。法律・規則・予算どおり、そして命令どおりにやったかどうかが求められ、その通りにやっていれば咎められることはなかった。なぜなら、法律・規則・予算等は正しいことが前提であり、そのとおりにやればよい結果が出るはずだという前提が貫かれていたのである。したがって、法律・規則・予算どおりに、正しく執行されたかどうかについての監査は行われても、その結果によって政策目的が達成されたのかどうか、という効果についての評価は行われないのが通例であった。だれがその職務を担当していても、法律・規則・予算どおりに、正しく執行されるということは、近代国家において政府が機能するために重要なことであり、これが確実に実施できることは誇るべきことでもある。国際的にみればこれが確立していない国のほうがはるかに多い。しかしながら、前提となるべき法律・規則・予算・前例・命令が正しいという保証がない場合、このシステムは顧客である住民の期待に応えることができなくなる。

　何が正しいかわからないので、現場で試行錯誤と創意工夫を行い、結果をみて評価しよう、というNPMの発想は、これまでの行政の組織文化とはまったく異なるものである。長年公務員として仕事をしてきた人々が、すぐに変わろうと思っても容易ではない。NPMの発想は一朝一夕には浸透できるものではないのである。実は、この点こそが後述のとおり、指定管理者制度が行政にうまく適合できなかった最大の理由と言える。

　NPMの特徴の4番目に「市場メカニズムの導入」を挙げたが、指定管

理者制度はまさにここに該当する。つまり、指定管理者制度は、行政における市場メカニズムの導入に位置づけられる。市場メカニズムの本質は競争である。前述のとおり、従来の管理委託制度においても、法的には民法上の民間団体である文化財団、あるいは地方自治体が50％以上の出資を行う商法法人の株式会社である第三セクター等に公の施設の管理運営は委託されていた。しかし、そこに市場競争は存在しなかった。民間に委託しても独占市場であったら市場メカニズムのメリットは得られない。

　指定管理者制度が公の施設の管理運営における市場メカニズムの活用だという議論は制度導入当初にもしばしば話題となった。しかし、そこには誤解もあった。それは、指定管理者の選定を公募で行うかどうか、という点に関するものである。地方自治法上は指定管理者の選定について、「公の施設の設置の目的を効果的に達成するため必要があると認めるときは」と書かれているだけで、その選定方法については記されていない。選び方は地方自治体にまかされている。ただし、その決定には地方議会の議決が必要とされる。指定管理者を公募すれば確かに応募者間の競争が行われる。しかし、ここでの競争は実際に運営を行う前の、事前段階での「企画提案の競争」であって、実際に運営を行ってみた「結果の競争」ではない。一番よさそうな「企画提案」を行政が選定する、という作業を行っているのにすぎない。そしてそこで選ばれた「企画提案」があたかも「正解」であるという前提のもとに運営が行われる。何が正解だかわからないから実際にやってみて、事後的に評価して判断する、ということとは本質的に異なる。公募の企画競争で指定管理者を選ぶ作業は、あくまで計画策定における「正解探し」に競争を導入しているのにすぎず、このことは従来型行政の組織文化である、法律・規則・予算は正しい、という発想と同じである。つまり、行政は事前に正しい計画をつくることができる、という計画能力に対する信頼性、すなわち、ロシア革命によってソビエト連邦がつくられたときの、共産主義的な発想から抜け出せていないのである。何が正しいか、やってみないとわかないので試行錯誤でやってみて、事後的によいものを選ぼうとするのが市場メカニズムであるのに対し、事前に正解を計画

することができると考えるのが共産主義である。

　指定管理者制度が市場メカニズムの活用である、という趣旨は、前述のとおり、指定管理者への委託は必ず期間が決められるという点にある。指定管理者が公募で選ばれようが、非公募で選ばれようが、あるいは、外郭団体が選ばれようが、行政とはまったく資本関係のない営利企業が選ばれようが、決められた期間がくれば、必ず指定管理者を選びなおす必要がある。この段階において、管理運営を行ってきた期間の成果に対する評価が行われ、継続に値するのか、それとも別の団体に委ねるのがよいのか、という「買い手」としての判断を行政が行うことになるのである。市場であるからには失敗はつきものである。失敗と成功を試行錯誤の中で繰り返すことによって、よりよいものが発見されるというプロセスこそが市場メカニズムのダイナミズムである。実施前の段階での公募による企画提案の競争は共産主義国家における計画策定段階での派閥争いくらいのものであって市場競争ではない。企画提案段階であればいくらでも誇大提案を打ち出すことができるからである。しかし、指定管理の期間が終わった後の評価は、結果という事実にもとづく評価となる。そこでの成果が思わしくなければ、交代させられる可能性がある、したがって、そうならないように試行錯誤と創意工夫でよりよい成果をあげられるように努力するインセンティブが指定管理者となった団体に生じることになる。この点こそがきわめて重要なのである。

　少々説明が長くなったが、指定管理者制度が市場メカニズムの導入であるということの本質は、公募にあるのではない。必ず期間が設定される、ということにより、たとえ非公募で外郭団体が選ばれた場合であっても、指定管理期間の成果が思わしくなければ、期間終了後の次の選定の際には交代させられてしまうかもしれない、というプレッシャーの中で運営を行わなければならないという、潜在競争の存在こそが重要なのである。しかし、この競争のメリットが十分に発揮されるかどうかは、期間終了後に、行政側が「設置の目的を効果的に達成」したかどうかについて、適切に評価することができるかどうかにかかっている。

2 指定管理者制度導入後の文化施設

　さまざまな期待と不安、そして制度に対する誤解とともに導入された指定管理者制度であったが、10数年を経て、日本の公立文化施設の運営に大きな変化をもたらした。まず、導入状況をみてみよう。全国公立文化施設協会の調査によれば、2017年の時点では全国の劇場・音楽堂等の58.5％が指定管理者制度を導入しているという結果になっている（全国公立文化施設協会『劇場、音楽堂等の活動状況に関する調査報告書』2017年3月）。指定管理者の属性としては、財団が55.4％で最も多く、営利法人17.4％、NPO法人5.3％、複数の主体が共同で取り組む「共同体」が17.5％、その他4.4％という結果になっている。指定管理者制度の導入率については、同じ全国公立文化施設協会の調査において2010年では49.6％であったから、普及が進んできていることが伺える。指定管理者となっている団体については、財団が最も多く過半数を超えることから、大きな変化が生じていない施設のほうが多いようにも見える。しかし、営利法人とNPO法人の割合を加えると2割を超えており、さらに共同体の中にもこうした法人が含まれていることを考えると、公立文化施設の運営を担っている団体のうちの3割くらいは、従来制度のもとでは認められていなかった法人格の団体となっている。2003年の制度導入から15年を経ずしてこのような状況になっているという事実そのものが大きな変化と言えよう。営利企業やNPO法人は多くの場合、公募で選ばれているので、指定管理者となった際には、その選定が間違っていなかったことを立証すべく、試行錯誤と創意工夫でさまざまな取り組みを行ってきているものと推察される。

　このように、もはや営利企業やNPO法人が公立文化施設の指定管理者になることは例外的なことではなく、一般的な状況となってきている。このことは過半数を占める文化財団等の外郭団体にも影響を与えざるをえな

い。前述のとおり、市場メカニズムの活用という点に関して最も重要なポイントは、公募かどうかではなく、必ず期間を定めて管理を行わせることである。従来の管理委託制度のときと同様に、外郭団体の文化財団等が公募ではなく単独指名で指定管理者となっている場合においても、全国的には３割くらいは営利企業やNPO法人等が指定管理者となっているという事実は大きなプレッシャーとなる。こうした潜在的競争が存在することで、たとえ従来制度のときと同様に外郭団体の文化財団が運営していた場合においても、指定管理者の地位を奪われないように、絶えず努力をし続けることが求められることになる。

　以上みてきたとおり、指定管理者制度は、制度の目論みどおり、公の施設の管理運営に市場メカニズムを導入することにより、営利企業やNPO法人等の新規参入を促すだけでなく、従来型の外郭団体の改革をも促すことになり、公の施設の設置目的を効果的に達成するために寄与してきた面があったと評価できる。

　ところが、現実にはさまざまな問題も抱えてきたのが指定管理者制度のもう１つの側面である。図表１は財団法人地域創造が指定管理者制度開始の３年後に行った調査結果を示している。同じ質問を設置者（地方自治体）側と、指定管理者側の両方に行い、比較できるようになっているが、いずれにおいても、指定管理者制度の導入に際して目標として設定した事項として最も多いのが「管理運営経費の削減」であることが読み取れる。前述のとおり、地方自治法の規定によれば、「設置の目的を効果的に達成するため」と書かれており、その点からは、「事業内容の充実」「地域の文化振興への貢献強化」「より市民に開かれた運営の推進」が上位にきてしかるべきだが、そうはなっていなかった。

　つまり地方自治体は、地方自治法の趣旨に反し、経費削減手段としてこの制度を誤用してしまったのである。理解の足りない地方自治体が１〜２割みられた、というレベルではなく、大多数の地方自治体がこのような過ちを犯してしまっている。「赤信号みんなで渡れば怖くない」といった状況だったといえる。

図表1　指定管理者制度導入の効果

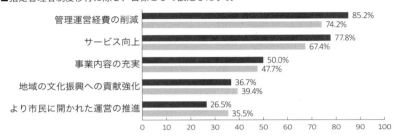

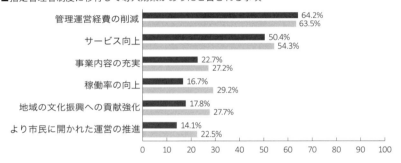

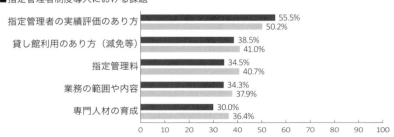

（資料）財団法人地域創造「平成19年度地域の公立文化施設実態調査」報告書

このような事態が生じてしまった理由は、単に地方自治体の財政状況が厳しかったということだけではないと考えられる。むしろ、設置の目的が何であるかが、そもそもあいまいなままにこの制度を導入してしまったことのほうが理由としては重要であろう。同じ調査における「指定管理者制度導入における課題」についての回答をみると、設置者、指定管理者ともに、「指定管理者の実績評価のあり方」の比率が最も高くなっている。前述のとおり、市場メカニズムの導入によるメリットを活かすためには、期間終了後に、行政側が、「設置の目的を効果的に達成」できたのかどうかについて、適切に評価できなければならない。これができなければ指定管理者は努力の方向がわからず、制度のメリットも得られないからである。

　文化施設の設置の目的があいまいであったのにはさまざまな要因がある。まずは、施設の設置後数十年がたち、当初の設置条例に掲げられた設置目的がすでに時代遅れとなっているといったケースもあったであろう。また、平成の大合併を経て、類似施設を複数保有することになり、それらの役割分担を検討しなければならないのにもかかわらず、こうした問題が手つかずのまま残されていたケースもあろう。しかし、最も本質的な要因は、各地方自治体がそもそも文化政策に関する理念や体系的な政策、具体的には条例や計画を持っていなかったことである。

　日本においては、戦後長らく、社会教育政策の一分野として文化が位置づけられてきた。地方自治体においては、社会教育法系統にある博物館や図書館のみならず、劇場・音楽堂等の施設についても、教育委員会の所管とされることが多かった。もちろん、文化が社会教育の重要な分野であることは間違いないが、文化の政策的な意義は社会教育にとどまるものではない。文化や芸術は、福祉や産業振興、さらには世界平和まで、さまざまな公益を持っているし、国民一人一人にとっては文化権という人権でもある。しかしながら、社会教育行政の枠組みの中で文化施設を運営していたのでは、このような公益の実現のための政策手段としての位置づけは見えてこない。1980年代頃から徐々に文化行政の首長部局への移管が進んできてはいたが、体系的な文化政策の計画策定等については必ずしも十分と

はいえない状況が続いてきた。

　2001 年の文化芸術振興基本法制定以降、地方自治体においても、文化に関する基本条例の制定や計画の策定等を行う団体が増えていくことになるが、2003 年に指定管理者制度が開始された頃に文化政策の計画等をきちんと整えていた地方自治体はごくわずかであった。したがって、文化施設に指定管理者制度を適用する際に、「設置の目的を効果的に達成するため」と言われても、多くの地方自治体は、そもそも文化政策上の設置目的がどのようなものであるかを明確に提示できなかったのである。

　政策上の目的が不明確なままに指定管理の仕様書をつくろうとすると、「目的」ではなく、本来は目的を達成するための「手段」であるはずの「事業の種類や数」を列挙して「仕様」としてしまうことが起こりがちである。たとえば、「住民の文化権の保障」という政策目的が不明確だと、それを実現するために実施してきたワークショップという手段が独り歩きしてしまう。仕様書には、「住民の文化権の保障」という目的は書かれずに、前年度実績を念頭に、「年間 10 回のワークショップの実施」ということだけが書かれることになる。本来は、「住民の文化権の保障」という目的を仕様書に示し、それを実現するためにどのような事業をどれだけやるかは、指定管理者を目指す民間団体側が提案すべきであるが、目的は示されずに、手段（＝事業）だけが示されることになる。そうなると、「年間 10 回のワークショップ」を低コストで実施できる団体が「よい指定管理者」ということになってしまう。本来、入場者や参加者を増やすことは、文化権の保障、地域アイデンティティの確立、多様性理解の促進等といった政策目的を達成するための手段である。しかしながら、それが自己目的化してしまうような例が蔓延している。たとえば、市民の文化権の保障を目的とした施設や事業が、観光客の誘致に力をいれて入場者数を増やしたとしても、政策目的の達成にはつながらないのであるが、そのことに気づかずに単純に入場者数等の量的目標を評価軸にしているような過ちが頻発しているのである。

　一方、地方自治体が設置した文化財団が指定管理者となっている場合に

は、もう1つ別の問題も発生している。指定管理者制度は前述のとおり、公共サービスの供給に市場メカニズムを導入しようとするものである。自治体は自らがサービスの生産・供給者ではなく、民間団体が提供するサービスを市場で購入すること（つまり指定管理料を支払うこと）で、市民に対して公の施設という公共サービスを供給することになる。これは、地方自治体が設置したいわゆる文化財団が指定管理者となる場合においても同様のはずである。ところが、現実には文化財団が指定管理者となっている場合、多くの地方自治体においては、「買い手」としての立場を逸脱し、人事や組織を始めとする文化財団の経営の中身にまで介入する行為が後を絶たない。指定管理者制度の導入とほぼ平行して進められた2006年の公益法人制度改革の趣旨は、「新しい公共」の担い手である民間非営利団体の経営を行政の過剰な干渉から独立させることにあったはずであるが、地方自治体の中には独立した民間団体である文化財団を行政組織の一部であるかのように、人事採用や給与水準にまで口出しをするケースがみられる。これらは公益法人制度改革の趣旨に反しているだけでなく、民間の自由な発想による創意工夫の競争を促そうとする指定管理者制度のメリットをも蔑ろにする由々しき問題となっている。市場における「買い手」の立場でふるまうことができず、経営にまで介入してしまうのは、日本の地方自治体が共産主義的であることのもう1つの表れとも言える。どうしても経営に介入したいのであれば、財団法人ではなく、株式会社（いわゆる「第三セクター」）を設置するべきであろう。

3 解決に向けた法整備

　指定管理者制度導入から9年後の2012年に劇場、音楽堂等の活性化に関する法律（劇場法）が制定された。同法では、劇場・音楽堂等の公益性が明記されるとともに、劇場・音楽堂等には専門的能力を持った人材を配置すべきことが規定された。

　まず、劇場法においてはその前文において、劇場・音楽堂等は演劇や音楽の愛好家が趣味を楽しむための場所にとどまらず、文化権の保障や共生社会の実現、国際文化交流等といったさまざまな公益を実現するためのものであることが明言された。そして、第2条の「定義」においては、劇場・音楽堂等が単なる建物を指すのではなく、専門的人材を擁した機関であることを謳っている。専門的人材には、制作者、技術者、実演家等、公演等の事業を行うために必要な人材に加え、劇場・音楽堂等が公益を実現するための機関として適切に運営されるために不可欠な経営者という専門人材の必要性を掲げている（第13条）。そして、第16条においては、文部科学大臣が「劇場、音楽堂等の事業の活性化のための取組に関する指針」を定めることができることを規定している。これを受け、文化庁は、劇場法が制定された2012年度の年度末に「指針」を公表している。

　「指針」には、劇場・音楽堂等の事業が活性化され、公益を果たす機関として機能するために必要な事項が示されている。指定管理者制度についても1項目が割かれ、「指定管理者制度は、住民の福祉を増進する目的を持ってその利用に供するための施設である公の施設の管理運営について、民間事業者等が有するノウハウを活用することにより、住民サービスの質の向上を図っていくことで、それぞれの施設の設置目的を効果的に達成するため、設けられたものである。指定管理者制度により劇場、音楽堂等の管理運営を行う場合には、設置者は、創造性及び企画性が劇場、音楽堂等

の事業の質に直結するという施設の特性に基づき、事業内容の充実、専門的人材の養成・確保、事業の継続性等の重要性を踏まえつつ、同制度の趣旨を適切に生かし得る方策を検討するよう努めるものとする（「劇場、音楽堂等の事業の活性化のための取組に関する指針」平成25年文部科学省告示第60号）」。という記述が盛り込まれた。

　指定管理者制度の趣旨からいえば、ごく当たり前の記述であるが、これがあえて「指針」に記されたのは、実際にはこれを実現できていない地方自治体が多いという実態を表している。劇場法やその「指針」には拘束力はなく、意識の低い地方自治体に対する効果は期待しにくいという点で限界はある。しかし、ある程度の見識を持つ地方自治体であれば、指定管理者を更新する際に、募集要項や仕様書の作成、審査会における議論等に際して、劇場法やそれに基づく「指針」を参照することが想定される。そうなれば、「設置の目的を効果的に達成する」ために指定管理者制度が導入される、という本来の趣旨をある程度は意識することにはなろう。

　また、劇場法制定を受け、文化庁は劇場・音楽堂等に向けた補助金を倍増するととともに、その応募に際しては、劇場法の趣旨を踏まえていなければ申請書類を作成できないようにもなった。公演等の実施に要する費用に対する事業補助ではあるが、そもそも劇場・音楽堂等がどのような公的使命を持って活動を行っており、対象事業が使命達成においてどのような位置づけにあるのかを説明し、かつその実施のための専門的人材を擁した人的体制についても示さなければならなくなったのである。

　劇場法の制定は、指定管理者制度の適切な運用を図るうえで重要な意義を持つものであるが、対象は劇場・音楽堂等に限定されており、博物館や図書館にはその効果は直接及びえない。さらに、拘束力という点ではその影響は意識の高い地方自治体にとどまるものという限界がある。

　こうした中、2017年6月に文化芸術振興基本法が改正され、文化芸術基本法と改称されるとともに、地方自治体にとってきわめて重要な規定が盛り込まれることになった。2001年に文化芸術振興基本法が制定された際には、第7条において「文化芸術の振興に関する基本的な方針」の策定

を国に対して義務づけたが、地方自治体については何も記されていない。当時は地方分権一括法が施行された直後であり、法律で地方自治体の行動を縛るのは望ましくないという空気が広がっていた。そのため、地方自治体については、第4条の「地方公共団体は、基本理念にのっとり、文化芸術の振興に関し、国との連携を図りつつ、自主的かつ主体的に、その地域の特性に応じた施策を策定し、及び実施する責務を有する」という規定にもとづき、それぞれが主体的に行動することが期待されていたのであろう。

　しかしながら、現実には、体系的な文化政策を推進している地方自治体は今なお少数派というのが実状である。2017年に発表された「平成27年度　地方における文化行政の状況について」によれば、2015（平成27）年度においては、都道府県のうちの38団体、政令指定都市のうちの17団体、中核市の31団体がなんらかの計画等を策定しているが、政令市・中核市を除く市区町村においては1,670団体中178団体が策定しているのにすぎない。

　こうした中、今回の基本法改正においては、第7条において国の「基本方針」が、「文化芸術推進基本計画」に改められたことに加え、地方自治体に対しては、「地方文化芸術推進基本計画」の策定が努力義務として課されることになったのである。努力義務ではあるが、これによって計画策定等といった体系的な文化政策の必要性を意識する地方自治体が大きく増加することが予想できる。その際に、文化芸術基本法の前文や他の条文に目を通せば、文化政策が単なる芸術愛好家のための趣味や娯楽の話にとどまるものではなく、創造性促進、共生社会の実現、地域アイデンティティ確立、世界平和、人権保障といった重要な政策課題であることを認識することになる。このような重要課題に地方自治体が真剣に向き合ったとき、これらの政策目的を実現するための有力な手段として公立文化施設の重要性と必要性を意識することにならざるを得ない。逆に言えば、共生社会の実現や文化権の保障等、地域社会にとってきわめて重要な政策課題の解決を実現しようとする際、文化施設をまったく活用することなしに考えることの方がはるかに難しいことは、文化政策の専門家でなくても容易に気づ

くはずである。つまり、地方自治体における文化政策の体系的な計画策定が進展することは、これまで指定管理者制度の適切な運用を妨げてきた最大の理由である、「設置目的の不明確さ」の解消につながることが期待できるのである。

4 今後の方向性

　前述のとおり、2017年の基本法改正により、地方文化芸術推進基本計画の策定が地方自治体の努力義務とされた。これにより、文化施設の設置目的や計画期間において果たすべき使命が明確化されるようになることが期待される。そして、このことは指定管理者制度が多くの地方自治体において、地方自治法の趣旨に反して誤用されてきた過ちを是正していくことにつながるものと考えられる。

　そして、このような改革を実現するためには2つのハードルがある。第一は、適切な計画策定が行われることである。他の地方自治体の計画を「コピペ」しただけのような形だけの計画であれば、これをいくら策定しても期待する効果は得られないであろう。地域のさまざまな課題を的確に分析し、その課題解決に向けての政策を体系化した計画を策定しなければ文化施設の役割を明確化することはできない。第二のハードルは、適切な計画が策定されたとして、文化施設がそこに掲げられた使命を実現できるような指定管理者制度の運用を地方自治体が行えるのか、という問題である。

　まず、第一の点から考えてみよう。現在の公務員制度のもとでは、文化政策を担当する部署の職員は、定期的な人事異動で配置されるゼネラリストとしての公務員である。一般的には、そこに文化政策の専門性を期待するのは困難な状況にある。したがって、計画策定に際しては、審議会等を

設置し、外部人材の登用を積極的に図ることが重要である。その際に、気をつけなければいけないのは、各界の利益代表者を委員に登用し、審議会を単なるガス抜きや利害調整の場にはしないことである。重要なことは、地域の課題を科学的に分析し、限られた資源の中でどのような解決策があるのかを適切に議論できる委員を選ぶことである。研究者や学識経験を持つ委員も重要であるが、その地域の現場の状況を最もよく把握している文化施設の職員がそこに参画することはさらに重要である。地域社会の文化的状況がどのようなものであり、どのような事業を行うとどのような変化が起こり得るのか、という現場の情報なくして実効性のある計画策定は行えない。つまり、計画策定は行政にまかせて、そこで決まった目的を所与として執行するのが指定管理者の役割なのではなく、現在、指定管理者として文化施設の運営に従事している団体は、計画策定の段階から積極的に関与することが求められるのである。多忙な日常の中で、中長期的な視野が求められる計画策定に参画することは、文化施設側にとってはかなりのエネルギーが必要とされ、負担になるものと予想される。しかし、よりよい計画が策定されることで、結果的に適切な指定管理制度の運用につながることになれば、指定管理者となっている団体の経営にも大きなプラスになるはずである。

　おそらく地方自治体にとって最も難しいのが第二の点であろう。文化施設職員の専門的な見識を取り入れ、適切な計画が策定されたとしても、それを実現するための指定管理者制度の運用については課題が残る。前述のとおり、NPM の考え方を取り入れた指定管理者制度の本質は市場メカニズムの導入、すなわち競争メカニズムである。

　それでは、政策目的と施設の使命のみを指定管理の仕様書に記して、あとは指定管理者の自由な裁量にまかせればすべてがうまくいくのであろうか。政策評価の方法については行政現場と学界の両者においてさまざまな検討が行われ、形式的な量的評価にとどまることなく、質的評価も踏まえ、政策目的の達成に近づいているのかどうかを正確に把握する方向に向かって徐々に改善がはかられつつある。にもかかわらず、現実には、政策目的

が達成されたのか、という結果を評価することは必ずしも容易ではない。政策目的の指標を設定することができたとしても、その結果が文化施設の取り組みの結果によって実現したのか、それとも他の施策の結果によって実現したのか、という因果関係を把握することはさらに難しい場合が多い。

　政策評価方法の改善は行政経営にとっては重要な課題であるが、本稿のテーマである指定管理者制度の運用という観点からみると、政策評価の方法が必ずしも十分に確立されていなくても、よりよい運用を図ることはある程度可能である。前述のとおり、指定管理者制度において最も重要なことは、競争メカニズムを導入することであり、その目的は管理者が絶えず試行錯誤と創意工夫を続けるインセンティブを与えることにある。

　今後の地方自治体においては、文化施設の使命は地方文化芸術推進基本計画において示されるようになる。そこでは、審議会等、計画を策定した合議制機関が、定期的に指定管理者から報告を受け、文化施設の運営状況を共有していくというプロセスが重要になってこよう。計画策定に関わった合議制機関の場であれば、文化施設の果たすべき使命についての理解がぶれる危険性は相対的に小さく、より的確な評価を行えるものと考えられる。この中で指定管理者の取り組み姿勢やその成果に疑義が生じてくれば、次期は他の指定管理者に委ねることも議題となろう。また、新規参入についての提案については常に門戸を開き、合議制機関の中で、現在、指定管理者として運営を担っている団体とともに、その提案を検討することが有効である。これにより、現在の指定管理者が行っている運営の水準を相対化することが可能となるからである。計画策定に関わった合議制機関が指定管理者と協働しながら、計画実現の進捗状況を共有していくこのような方法のほうが、現在、多くの地方自治体で行われているような選定方法よりもベターな選定が行われるものと考えられる。現在、公募によって指定管理者を選定している地方自治体においては、現行の指定管理者も新規参入者も同じような様式で提案書を提出し、これを複数の選定委員が採点し、その点数の合計によって指定管理者を選ぶ、といった方法がとられている。運営体制、事業提案、経費見積等とともに、施設の使命の理解についての

項目等も評価項目に含まれている場合が多いが、審査委員がこうした設置目的を文化政策の体系の中で的確に理解しているかどうかという点には不安がある。また、各評価項目の配点に合理性があるのかどうかという点についても怪しい場合が多い。この点、地方文化芸術推進基本計画策定に関わった審議会等の合議制機関であれば、地方自治法に掲げられている「設置の目的」の点でぶれる可能性は相対的に低い。つまり、計画策定に関わった審議会等の合議制機関を文化施設の指定管理者制度の運用に関与させることによって、行政の組織文化が持っている欠点を補い、より適切な制度運用が行われる可能性が高まることが期待できよう。

第2部
指定管理者の事例分析

第4章

地域ガバナンスと
指定管理者制度

―――地域経営の新たな統治形態―――

松本 茂章

1 地域ガバナンス論からみる 指定管理者制度

1–1 はじめに

　地方自治法244条の改正（2003年）に伴い、「公の施設」に導入された指定管理者制度には、いくつかの効用や利点があった。施設の専門性を高め、効果的な運営を行うほか、民間への門戸開放で企業や民間非営利団体に参入の機会をもたらし、事業のチャンスが広がった点も注目された。しかし筆者は、民が公共施設を運営することを通じて地域経営にも参画できるようになり、官民協働による新たな地域経営の統治形態が登場しつつあることの重要性を指摘したい。こういう考え方を地域ガバナンスと呼び、本章では地域ガバナンスと指定管理者制度の関係について詳しく論じていく。

　筆者は2009年にまとめた博士論文『芸術創造拠点と自治体文化政策 京阪神3都の事例分析』（同志社大学）や、2011年に出版した『官民協働の文化政策　人材・資金・場』（水曜社）で、地域ガバナンスの視点から地域の芸術創造拠点の意義を浮き彫りにした。事例に取り上げたのは、京都市立の芸術創造拠点・京都芸術センター（中京区）、大阪市の劇場寺院・應典院（天王寺区）、神戸市所有の移民施設を活用した民間芸術創造拠点・CAP HOUSE（中央区）の3つである。開設に至る過程、関わる人材、資金調達状況、場の管理のありようを追いかけることで、地域ガバナンスと芸術創造拠点づくりの間の密接な関係性を解明した。

　文化芸術振興基本法（2001年）を改正した文化芸術基本法（2017年）によって、新たに観光、まちづくり、国際交流、福祉、教育、産業などの関連分野も同法の対象となったことで、自治体文化政策と地域経営等の関連性が大切になってきた。公立の文化施設はもはや単なる余暇を過ごせるところ、あるいは趣味を披露・享受するところではすまない。逆に言えば、公立文化施設をいかに広く活用するか、まちづくりに役立てるか、という課

題が浮上した。新たな基本法の制定に伴い、公立文化施設は一段と地域社会との協働や連携を問われることになったのだ。

　指定管理者制度の登場は、当初、財政難に苦しむ自治体にとってコスト削減策の妙手としてとらえられていた。対して帝塚山大学の中川幾郎は同制度実施直後に出版した『指定管理者は今どうなっているのか』（水曜社、2007年）の第2部第1章「指定管理者制度を検証する」で、すでに次のように鋭く問題提起している。

　　――「公の施設」の管理運営を包括的に委任する指定管理者制度は、一般的に行政サービス民営化の一環である、と理解されている。（中略）本来の自治体行財政改革を志向する観点から考えるならば、（中略）その視点に、ステークホルダー、経営者としての市民を視野に入れること、社会資本（Social Capital）としての個人市民結集型市民団体（アソシエーション、NPO等）形成、地縁型地域社会（コミュニティ）形成をも視野に入れることが重要であろう。

　　地方公共団体の財政改革ばかりではなく、自治システムとしての行政改革をも志向するならば、コストダウン論にとどまるのではなく、そこからもう一度アプローチし直すべきではないか――。[1]

　中川の問題意識が10年余を経て現実味を帯びてきた。筆者も同感で、以前から地域ガバナンスと指定管理者制度の親和性を強く指摘してきた。

　地域ガバナンスとは何か？　ガバナンスとは「かじ取り」という意味なので、単純には「地域のかじ取り」「地域経営」という訳語になる。しかし、官と民がそれぞれの役割を果たしながら地域を協働して経営していく、というニュアンスを込めて使われている。同志社大学の新川達郎は「地域経営や地域活性化のための新たな統治形態、秩序形成、地域形成の様式であり、地域を共に協力して治めるという意味をこめて共治あるいは協治とされる」[2]と述べている。

　指定管理者は「新たな統治形態」をつくり出しつつある、と筆者は受け

止めている。その証拠として本章と次の第5章で具体的事例を紹介し、地域ガバナンスが作動し始めた状況を生々しく報告する。自治体財団、企業、アートNPOなどが地域経営に参画して貢献する姿を描いていく。官と民の協働にとどまらず、民と民の協働も動き出したことも伝える。こうした今日的な状況を知れば、民間が地域経営の主体の1つとなる地域ガバナンスの重要性を理解してもらえると期待する。

1-2 「ガバメント」から「ガバナンス」へ

　わが国の政府体系（ガバメンタル・システム）は近年、大きく変容してきた。地方分権一括法の成立、自治体合併など、地方自治のありようを変える制度設計が行われてきた。既存の統治スタイルでは手に負えない政策課題が山積してきたからだ。

　中央政府、地方政府を問わず、政府の地位や機能が低下した現在にあって、官と民の協働を抜きにして地域の経営は考えにくい。これまで自治体は主要なサービス提供の主体であり、地域づくりの原動力であったことは間違いない。しかし今後、財政難などさまざまな資源制約や活動限界に直面し、企画立案や実施の中心から次第に退き、多くのアクターの1つとして地域を支える構図が見えてくる。

　「ガバメント」から新たな「ガバナンス」への移行が求められている。新川によると、「ガバメントは一般的には政府を意味するが、ここでは従来型の地方自治体行政（政府）中心に地域経営を意味している。これに対してガバナンスは、統治を意味する言葉であるが、ここでは住民・NPO・事業者・専門家・自治体職員・地方政治家などがネットワークを形成し、政策決定やその実施に影響力を行使する」[3]ことになる。そしてガバメントからガバナンスへの変化について新川は「これまで地方自治体が地域政策の決定や実施において中心的な役割を果たしてきたが、これからは住民等との連携協力や役割分担関係に立って活動していくことになる」[4]と説明する。両者の対比を図表1にまとめた。

76　第2部　指定管理者の事例分析

図表1　従来型ガバメントと新しい地域ガバナンスの対比

	従来型ガバメント	新しい地域ガバナンス
主たる担い手	行政機関	住民・NPO・行政・企業
担い手の相互関係	権力的上下関係	協力的水平関係
組織編成の特性	ピラミッド型組織	フラット型組織
組織コミュニケーション	上意下達式	ネットワーク型
行動様式の特徴	命令服従型	対等協働型
住民の立場	サービスの受け手	サービスの生産・供給・享受

新川達郎（2003）「「まちづくり」の新しいガバナンス：地域計画転換の処方」山田晴義編著『地域再生のまちづくり・むらづくり―循環型社会の地域計画論』ぎょうせい、215 頁をもとに筆者作成

　図表1から浮かび上がるのは新しい地域社会の到来である。従来の住民は「サービスの受け手」にとどまっていたが、地域ガバナンスのもとでは「サービスの生産・供給」をする役割が新たに求められてくる。同制度は「公の施設」の管理と運営を民間に門戸開放したので、企業・事業者・非営利団体などが関わる。行政サービスの実施を待つばかりでなく、自らサービスを供給する立場にもなり得る。担い手には多様なアクターが登場してくるのだ。地域ガバナンスが動き始める状況が訪れつつある。

　公立文化施設の場合、文化という価値が生じる施設である。いかなる文化を振興するべきなのか？　音楽、演劇、美術などからどのような芸術を主に行うのか？　そもそも、わがまちではどんな文化政策が必要なのか？という根源的な論議が欠かせない。自治体と民間の間で熱っぽく論議される。百家争鳴の論議を経て、収まるところに収斂させていく努力が官民ともに求められる。

　熟議民主主義といってもいいのかもしれないが、このような話し合いの場が展開される政策分野は、案外と見出しにくいものなのではないだろうか。専門知識が不可欠で、専門家の判断が優先される政策分野は少なくない。一方で、熟議するよりも、効率を優先する現場があるのも事実である。たとえば駐車場や駐輪場などの施設管理では効率性が求められる。非効率な運営は料金の高値を招く反面、効率的な運営は料金の値下げにつながり、

第4章　地域ガバナンスと指定管理者制度　77

市民にも恩恵があるからだ。

　このように、地域ガバナンスの進展という視点から見るとき、文化施設の運営や文化事業の実施は単に費用が少なければよいわけではなさそうだ。手間がかかっても丁寧に文化事業を展開することは、文化や芸術の質の問題にとどまらず、地域社会をいかに経営するか、という地域の秩序形成の様式を左右する。そう考えるとき、自治体文化政策、とくに公立文化施設の指定管理者制度は、地域ガバナンスの絶好の「訓練の場」なのかもしれないと思えてくる。

1–3　「人材」「資金」「場」

　筆者が芸術創造拠点づくりを調査研究した 2009 年の博士論文（同志社大学）および 2011 年の『官民協働の文化政策』で展開した地域ガバナンス論を踏まえて、一般的な自治体文化施設の管理と運営においても、適切な文化政策の実施のためには「求められる政策主体」「欠かせない役割」、「必要な条件」の 3 つの検討が求められると考えている。劇場法（2012 年）や文化芸術基本法（2017 年）の成立、あるいは全国各地の文化施設を歩いて異色の事例を見てきたことなどを経て考えが次第に深まっていった。

　公立文化施設の主体には「市民（企業、事業者、非営利団体を含む）」「芸術家及び専門家集団」「行政」を挙げる。欠かせない役割として「創造・継承」「参画と協働」「連携と共感」を考えた。必要な条件として「専門人材の存在」「多様な資金調達」「場の自主的管理」の 3 点を指摘したい。

図表2　公立文化施設に求められる政策主体、欠かせない役割、必要な条件

政策主体	役割	条件
市民（企業、事業者、非営利団体を含む）	創造・継承・普及・教育	専門人材の存在
芸術家及び専門家集団	地域経営への参画と協働	多様な資金調達
行政	地域社会との連携と共感	場の自主的管理

松本茂章『官民協働の文化政策』（2011）220 頁、をもとに本章に合わせて筆者作成

文化施設の管理運営について、前記の「３つの主体」×「３つの役割」×「３つの条件」を多様に組み合わせることが想定できる。たとえば行政を主体とするならば行政による直営を採用する。市民（企業、事業者、非営利団体等）や専門家集団（文化財団、芸術団体等）に管理運営を委ねるという形なら、指定管理者制度を導入することになる。

　筆者は2011年の拙著『官民協働の文化政策』のなかで、次のことを指摘していた。[5] その思いは今も変わらないどころか、一層、強まっている。当時、芸術家集団は支援対象だけでなく、文化政策の主体となるべきであると規範的に書いた。その後、第５章で紹介しているように、交響楽団が公立文化施設の指定管理者の１つに選定され、運営を担っている実例が現れてきた。

　——筆者は文化政策ガバナンスに貢献する文化政策人材を想定し、社会の変革者として期待している。しかし実のところ新しい時代を担うであろう人々は、すでに全国各地に存在するのではないかとも考えている。パートナーシップ型ガバナンスとネットワーク型ガバナンスが絶妙なバランスで並立する時代を担う彼ら彼女らの存在に、これまで自治体が気づかなかっただけなのではないだろうか。地域の芸術創造施設の運営から育った新しい担い手たちは、地域ガバナンスの実現に貢献し、文化分野にとどまらず、福祉や教育、産業振興、環境など、まちづくりの多様な現場で活躍する。それが都市格の向上や地域のイメージアップ、新しい産業の勃興、地域資源の再発見などにつながる。（中略）自治体は今こそ（中略）文化施設、なかでも芸術創造拠点の設立や運営には、地域ガバナンスの新しい担い手たちを育てるという新たな使命を担わせてもらいたい。行政の事業評価や政策評価は、集客アップや経費の効率化だけに限らず、官民の協働や連携にポイントを置くのだ——。

　筆者は、上記原稿の執筆当時、芸術創造拠点のありようを研究していたが、全国各地の文化施設を歩き回っているうち、一般の自治体文化施設に

も同様に「3つの主体」×「3つの役割」×「3つの条件」の考え方が適用できることが分かってきた。なかでも「人材」「資金」「場の管理」という必要な3条件をチェックすることで、地域ガバナンス的な状況であるかどうかが浮かび上がってくると気づいた。

　自治体における未曾有の財政難を踏まえると、行政に限らず民間の資金や人材に支えられてない文化施設は存続が難しくなる可能性がある。自治体は今こそ、文化予算の削減という小さな戦術よりも、自治体自体の生き残りをかけて広い視野の都市戦略である広義の文化政策を選択してもらいたいと願う。

2　文化芸術振興における自治体行政と民間の関係
―三重県津市と静岡県掛川市を事例に―

2-1　はじめに／問題意識

　文化芸術分野における東京一極集中の弊害が懸念されるなか、日本政府は文化庁の京都移転を打ち出し、地方への分散を図った。このため自治体文化政策も新たな課題に向き合うことになる。

　課題の1つは、創造的な取り組みを地方発信でいかに進めるか、である。東京で企画制作された文化芸術を巡回させて「地方でも鑑賞できる」という機会均等を狙いにした文化政策は20世紀的で旧来型である。クリエイティブな人材が地域に暮らしながらも創造活動を展開できる環境をいかに整えるか、が今日的な自治体文化政策の課題に浮上する。2つは自治体による文化芸術振興策が、中心市街地活性化、地場産業振興、観光開発等の地域課題に対する解決に貢献できるかという点である。いずれにしても、

文化芸術の振興が自治体に活力を与え、新たに魅力を生み出そうとする取り組みが期待される。これらを抜きにした自治体文化政策は考えにくい。

差し迫った今日的課題としては東京オリンピック・パラリンピック（2020年大会）に向けての文化プログラムが挙げられよう。是非は別として、文化庁によると、2016年大会から2020年大会までの4年間に取り組まれる文化プログラムの数値目標は「20万件のイベント」「5万人のアーティスト」「5000万人の参加」「訪日外国人旅行者数4000万人に貢献」とされる。これらの取り組みが一過性に終わることなく、2020年大会終了後にも「レガシー」（遺産）として活用したいところだ。

このようなとき、全国の自治体職員、とくに自治体文化政策を担当する職員は大いに迷うかもしれない。なぜなら文化政策は任意行政の典型であるからだ。絶対にこれをしなくてはならないという教科書があるわけではなく、人事異動を繰り返す自治体職員には専門性に欠けるところがある。そして先に挙げた「地方からの創造」や「地域課題の解決」に向けた取り組みは、もはや前例準拠では対応できず、臨機応変な動きが必要だ。どちらにせよ自治体文化政策は自治体職員が最も苦手とする分野の1つではないだろうか？

自治体文化政策は、行政だけでは手に負えず、民間から盛り上げていく分野である。民間との官民協働あるいは公民連携が求められる。そこで第4章では三重県津市と静岡県掛川市の取り組み事例を取り上げ、自治体文化政策における、これからの官民協働あるいは公民連携のありようを見つめてみたい。前者では三重県文化会館など複数の公立施設の指定管理者に選定されている公益財団法人三重県文化振興事業団と非営利団体（NPO法人）が演劇振興策に関して協働する事例を紹介する。後者では、掛川城の指定管理者である民間事業者（ホテル）と自治体外郭団体（公益財団法人掛川市生涯学習振興公社）が連携して、掛川城という歴史文化ゾーンの活性化を図る動きに言及する。

2-2　三重県文化会館と小劇場の連携

　最初に取り上げる事例は、公立文化施設の三重県文化会館と民間小劇場
3か所の連携である。非営利団体が橋渡し役を務め、絶妙な連携体制を築
いてきた。読みやすくするため図表3にまとめた。

図表3　本稿で取り上げる公立文化施設と民間小劇場

劇場名	開館年	座席数	事業の内容	以前の用途
三重県文化会館 （愛称・みえぶん）	1994年 10月	大中小と多目的の4ホール。小ホールは322	音楽、演劇、美術等。県生涯学習センター、県男女共同参画センターも含めて3施設を一体運営	国民文化祭に合わせ新設。当初から県文化振興事業団による管理（2004年から指定管理者）
津あけぼの座	2006年 10月	50	演劇公演、ワークショップ	廃業した元学習塾の建物
四天王寺スクエア	2012年 3月	100〜150	演劇公演、音楽事業など	閉園した元幼稚園の遊戯室
ベルヴィル	2014年 11月	50〜80	劇団稽古、創作活動など	かつては建設資材倉庫

聞き取り調査をもとに筆者作成

登場する団体・施設・人材

▶三重県文化振興事業団と三重県文化会館

　三重県文化会館は、JR・近鉄の津駅から西に歩いて25分程度の丘陵地
にある。同県総合文化センターの1つの施設なので、まずは同センターの
説明から入りたい。同センターは国民文化祭に合わせて1994年10月に
開館された。文化会館、県生涯学習センター、県男女共同参画センター、
県立図書館等（直営）によって構成される総合型文化施設である。複合文化
施設全体の来館者は約110万人、施設利用率は82.5%であった（2017年度）。

　前者3つは公益財団法人の同県文化振興事業団が開館からの10年間、
管理を受託した。2004年から公募で指定管理者に選定されている。事業
団の総収入12億円のうち、県からの指定管理料は8億円（67%）、自己収
入は4億円（33%）という内訳で、文化庁等の補助金・助成金獲得（最大時

は7,400万円)、貸し館収入1億6,500万円、チケット収入8,800万円など。自己財源の確保に努めてきた。

　全体の職員は73人である。平均年齢41歳。以前の知事の方針で、外郭団体に派遣される県職員を極力削減し、2000年以降、中途採用に力を入れたため若い。このため人材育成に力を注ぎ、職員を派遣する海外視察や資格取得の推進、最大50万円まで助成する特別研修制度の設置などを設けた。常勤職員を対象に年間2万5,000円を支給する福利厚生制度（カフェテリアプラン）には年間180万円の予算を計上している。音楽会、演劇、映画などの鑑賞のためのチケット代に使える。

　人事では個人別に業務要件表の作成と定期評価を行い、PDCAサイクルを回しながら昇進や昇給を決める。きわめて専門職志向の強い組織で、「人間力が一番大切で、他の人を巻き込んでいく能力が問われる」（総務部次長・安田賢司）という。本稿で取り上げる文化会館では多彩な文化事業が繰り広げられている。年間の事業数は70程度である。美術では県展の開催など。音楽ではワンコインコンサート、地域拠点契約を締結する新日本フィルの演奏クリニック、三重ジュニア管弦楽団の運営など。演劇では、同会館に泊まり込んでの練習と本番がセットになった「Mゲキセレクション」、地域の飲食店での朗読アウトリーチ事業「M–PAD」などを行っている。

　文化会館は広さ延べ2万9,415平方メートル、音楽専用の大ホール（1,903席）、舞台公演用の中ホール（968席）、小ホール（322席）、多目的ホール（425席）を備える。職員13人で、館長の次に副館長が配置され、音楽事業係（係長を含めて常勤職員8人）と演劇事業係（係長を含めて常勤職員3人）の2係を置いている。

　同会館の事業については、財団プロパー職員で副館長の松浦茂之（1968年生まれ）を中心に話を進めたい。2000年に採用された松浦は2007年に同事業団事業推進グループリーダーに就任、その後事業課長を務めた。演劇事業を切り盛りし、とくに小演劇の若手劇団育成に力点を置くなど、意欲的な取り組みを進めてきた。

松浦が財団に採用されるまでの前史を語ろう。身長 1.8m 以上のがっちりした体格でスーツ姿が様になる男性だった。県立四日市高校時代はラグビー部員。名古屋大学経済学部を卒業後、東海銀行に入行し、東京で為替の仕事をしていた。しかし「早朝に出勤してずっとモニター画面を見続ける仕事に疲れ果てて」退社した。2000 年、同事業団に中途採用され、総務畑に配属された。経費削減に大ナタを振るい年間約 3 億円の経費を削減した。[8] 事業担当責任者に転じると、演劇の盛んでなかった三重県内で演劇文化を育てたい、今後伸びそうな若手劇団を三重に招きたい、と考えるに至り、マイカーを駆使して自己負担で東京や関西の演劇を見て回った。

▶民間の小劇場 3 か所
　同県文化会館と連携する民間小劇場は、津あけぼの座（2006 年開館・50 席）、四天王寺スクエア（2012 年開館・100 ～ 150 席）、テアトル・ドゥ・ベルヴィル（2014 年開館・50 ～ 80 席）の 3 つである。いずれも NPO 法人パフォーミングアーツネットワークみえ（略称パンみえ）が所有者から建物を借りて家賃を支払い自主的に運営している。

　津あけぼの座はスレート葺き 2 階建てで、1 階に楽屋と劇場がある。2 階には 4 部屋がある。近鉄・江戸橋駅から徒歩 3 分。四天王寺スクエアは津市内の曹洞宗・四天王寺の境内の幼稚園（閉園）3 階遊戯室を安価で借りたスペースである。両小劇場と県文化会館の 3 か所は半径 5 km 内に収まり、自転車で行き来できる。

　最も新しいテアトル・ドゥ・ベルヴィルは東京から移住してきた劇団「第七劇場」が管理している。自らの作品発表や催事実施のために設けた。津市と合併した旧美里村の里山に位置し、元は建設資材倉庫であり、津市中心部から車で 20 分程の場所にある。旧美里村に寄せて仏語の「美しいまち」を劇場名に採用した。民間の演劇人材としては、NPO 法人パンみえ代表理事で劇作家・演出家の油田晃（1973 年生まれ）、同法人副代表理事で舞台技術者の山中秀一（1973 年生まれ）、第七劇場を主宰する演出家、鳴海康平（1979 年生まれ）が登場する。

津あけぼの座の外観

筆者撮影

▶三重大学で育った若手演劇人たち

　油田晃と山中秀一は1991年に入学した三重大学人文学部の同級生である。油田は県立津高校出身で、学内の放送部の演出を担当するほか地元テレビ局の台本を書いていた。山中は北海道室蘭市に生まれ、父の転勤で愛知県東海市に移り住んだ。県立横須賀高校時代は野球部員で、映画監督を夢見て演劇を学ぶため進学し演劇部に入った。2年生で劇団「ツカラキマシアター」を結成し、「脚本を書ける仲間がほしい」と探して油田に声をかけた。

　2人は、フリーで働きながら劇団ゴルジ隊を結成した。油田は地元テレビ局のディレクターを務めレギュラー番組を持った。山中は舞台技術会社「現場サイド」を立ち上げて社長に就任した。

　同劇団は大学近くの醤油会社が所有する元学習塾（2階建て）を家賃6万円で借りて稽古場に使いながら年2、3回の定期公演を続けた。しかし2人は演劇活動に疲れてしまい、2005年5月にゴルジ隊解散を決めた。し

かし仲間が「稽古場のスペースを残したい」と要望したので所有者の了解を得て改装工事を行い、津あけぼの座と改名した。油田と山中が各30万円を出すなどして計100万円の費用を捻出した。家賃は毎月12万円（税別）であった。元学習塾1棟と近くの倉庫、駐車場4台分を合わせての値段なので割安だった。山中の会社が2階2室を事務所に借りて6万円を負担した。知人の照明会社が倉庫の一部を借りて4万円を負担、デザイン事務所が入居して2万円を支払い、何とか賄った。同座運営組織としてNPO法人パンみえを立ち上げた。

　最初のころは落語会を開いたり他劇団の稽古に貸したりする程度だった。2009年、油田が大阪大学主催のワークショップデザイナー育成プログラムを1期生として受講したところ、受講生だった京都の劇団員から同座でぜひ公演したいと切望された。油田は「都市部では自由に使える劇場が少なく、僕らの劇場がいかに貴重な場所であるかを思い知った」と振り返る。

公立劇場と民間劇場が手を結んで

　事態は2009年に大きく動く。県文化会館の松浦茂之が同年9月、油田に「ぜひ一緒に食事をしたい」と申し入れ、津市内の飲食店で会談した。油田は当時を思い出して次のように話した。「松浦さんとはきちんと話したことがなかった。経費節減に凄腕を発揮したので『コストカッター』の印象が強く警戒心があったから。松浦さんは『演劇のために協力して何かやりませんか？』と語った。次第に熱意が伝わってきた」。対する松浦は「こちらはお役所。相手は民間。互いに立場が違う。幕末でいえば薩長同盟をめぐる桂小五郎と西郷隆盛の会談のようだった。最後は打ち解けた」と苦笑して回想した。

　気持ちを1つにした彼らは主に次の3つの試みに取り組んだ。1つには限られた予算で全国各地の若手劇団を三重に招くこと。2010年から始めた文化事業「Mゲキセレクション」である。2つには演劇と観光、まちづくりを結ぶ「M–PAD」の企画運営である。3つには東京の劇団の三重移住を実現させ、三重で創作して全国や海外に発信することである。

▶Mゲキセレクション

　松浦、油田、山中らは互いに相談しあって今後伸びそうな若手劇団を三重に招こうと計画した。枕代（宿泊費）の負担が重いため、来訪劇団員をいっそ劇場に泊めてはどうかと発案した。1年目はNPO法人パンみえ側が招き、津あけぼの座で数人規模の小公演や県民対象のワークショップを行い、劇団の魅力を広めた。馴染みの観客を開拓した。劇団員には同座の床に布団を敷いて就寝してもらった。2年目は県文化会館の予算で招聘。団員総出の得意なレパートリーを思う存分上演する一方で、来訪劇団員は同館地下1階の小ホール楽屋で寝泊まりした。県や事業団には「責任者の松浦が団員と一緒に泊まり込む」ことで了承を取りつけた。

　劇場で寝泊まりする利点は複数ある。費用が軽減されるだけでなく、劇団員は深夜や未明でも稽古できる。宿泊費を節約した分、公演入場料収入はすべて劇団の取り分にしたので喜ばれた。

　文化会館のMゲキは年間10本程度であり、このほか津あけぼの座でも同数程度を実施する。文化会館の負担は1公演70万円程であった。招聘劇団員は1週間程度滞在するので、松浦は「年間70〜80日ほど会館で泊まり込み、設営の仕事も手伝う」と話した。油田や山中がときに劇団に差し入れを持って激励することもある。

　三重の熱意は結果を伴った。「ままごと」の柴幸男（2010年）、「サンプル」の松井周（2011年）、「ハイバイ」の岩井秀人（2013年）がMゲキ出演のあと、演劇界の芥川賞として知られる岸田國士戯曲賞を受賞したのだ。こうして若手演劇人たちの間に「三重に行けば……」の都市伝説が生まれた。

　筆者自身、文化会館を訪れた際に劇団員らが泊まり込む光景を目撃したことがある。2013年7月18日のこと。2009年に旗揚げした青森の若手劇団「劇団野の上」が大正ロマン劇「不識の塔」（作・演出、山田百次）の上演に備えて、津にやって来た。楽屋には畳が敷かれ、卓上には炊飯器や電子レンジなどの台所用品が並んでいた。カップラーメンや日本酒の瓶もあった。事業課長だった松浦はふだんのスーツを脱いで劇団員と一緒の黒T

第4章　地域ガバナンスと指定管理者制度　　87

シャツ、黒ズボン姿だったので、いつものスーツ姿と異なり、本人と分からなかったほど溶け込み、劇団員手作りの昼ご飯を一緒に食べていた。松浦は「一緒に泊まり込むと団員の個性も分かり信頼関係が増す」と効用を述べていた。

劇団主宰者の山田百次（1978年生まれ）に聞いてみると、[9]「多くの公共ホールは小劇場演劇を射程外にしているが、ここは年間の事業に組み込んでいる。さらに一緒に寝泊まりしてくれる職員がいる。そんな職員は他のどこにもいない。ホント、すごいこと。『Mゲキ』に招いてもらった劇団は、その後、岸田國士戯曲賞を受賞するなど、錚々たる劇団に育っている。僕らも頑張りたい」と話し、決意を新たにしていた。

2017年6月、筆者がNHK朝の連続テレビ小説「ひよっこ」を見ていると、山田百次が出演していた。「あの役者だ」と気づいて驚いた。「僕らも頑張りたい」と話していた姿を鮮やかに思い出した。

▶経済や観光を意識した取り組み「M–PAD」

2011年から始めた事業が、同NPO法人パンみえと文化会館の主催するM–PADである。「三重パフォーミングアーツ」（MPA）と3つの「D」（ディナー・ダイニング・デリシャス）の造語で、毎年11月に実施する。県内外の劇団から役者や演出家らを招き、朗読公演を行う。「おいしい」と評判の地元飲食店を会場に選び、うなぎ料理や仏料理などを食べたあと公演を楽しんでもらう。料金は1人3,000円。店舗に2,000円、運営側に1,000円が入る仕組みであり、役者には出演料や交通費が支払われる。

2011年度は4劇団、2012年度は6劇団、2013年度以降は8劇団を招いてきた。当初の2年間は文化会館が70万円を負担した。2013年度からは予算300万円に増えた。半分は文化庁の補助金で、文化会館は100万円、チケット収入が50万円だ。

油田は「山の幸、海の幸が県内にたくさんある三重。これを生かしたい」と話す。松浦は「劇場を飛び出してアートと経済、観光を考える絶好の機会。可能性を秘めている。しかし劇場だけでは広がらない。交通、宣

伝、アートのつながりを考えるとき、将来は津市にも参加してもらい、まちを挙げた演劇フェスティバルに育てたい」と夢見る。

劇団主宰者の移住と新たな小劇場の開設

前記のMゲキやM–PADがきっかけとなって東京の劇団主宰者が津市美里町（合併前は旧美里村）に移転してきた。異色の創造人材が暮らす地域には新たな人材が集まってくるという相乗効果である。

▶東京から移住した劇団主宰者

移住したのは、劇団第七劇場主宰の演出家、鳴海康平である。1979年、北海道紋別市に生まれた。演劇を志して早稲田大学第一文学部演劇映像専修を卒業した。同劇団を率いて独仏、韓国、台湾で海外公演した実績を持つ。

鳴海は利賀村・演出家コンクールで著名な演出家鈴木忠志と出会い、強い影響を受けた。鈴木が静岡県舞台芸術センター（SPAC）の芸術総監督だった際には鈴木の演出助手を務めた。「上演する空間と一緒に作品をつくるべきだと学んだ。演劇人は『自分の家』を持つ必要がある。という考え方に強く影響された」と振り返る。2006年から東京都豊島区にアトリエを持った。知り合いの劇団と費用折半して毎月10万円を負担した。だが次第に岡山など西日本の公演が多くなり「東京にこだわることもないな」と感じ始めた。

2009年のMゲキや2011年のM–PADに出演して、日本の中央部に位置する三重の地理的条件に惹かれた。何より「（松浦、油田、山中という）3人のバイタリティを見て、三重だったらきっと面白い作品がつくれると直感した。移住の決め手になった」と語った。

鳴海は油田らに移住希望を伝えた後、2012年10月〜13年9月、ポーラ美術振興財団の助成金を得てパリに留学する。演出だけでなく舞台美術も自らデザインしてきた実績が評価されたのだ。パリ郊外の公立劇場で稽古場運営の実情を学び、320本の仏演劇を鑑賞した。留学に先駆け、

テアトル・ドゥ・ベルヴィルの外観

第七劇場提供

2011年3月にはパリ1区の民間小劇場で自ら演出したチェーホフ作「かもめ」を上演した。近年の仏国ではパリへの文化一極集中を防ぐため、パリ郊外や地方の文化施設・団体への支援を強めている実態も見た。鳴海の留学中、油田は物件を探して、旧美里村の元建設資材倉庫を見つけてくれた。

▶第4の小劇場のオープン

4つめの民間小劇場「テアトル・ドゥ・ベルヴィル」は、地元の理解を得て、きわめて安価で資材倉庫跡の建物を借り、劇場と事務所を手づくりした事例である。改装費用100万円は自己負担や寄付で捻出した。新劇場は広さ10m四方。天井の高さ4.5〜6m。舞台は奥行き7.2m、幅9.6m。鳴海によると「このサイズなら全国の文化施設のホールにも対応しやすい」という。NPO法人パンみえが家主と賃貸契約を行い、第七劇場が同額をNPO法人パンみえに支払う仕組みである。空調がないので真夏と真冬は使わない（現在は、第七劇場に管理運営が移行した）。

鳴海は長さ20cmのあごひげを伸ばし、「野武士」のような風貌をしている。一度見たら忘れられない。ゆっくりとした口調で「第七劇場の新作は1、2年に1本。じっくりとつくりたい。私たちは大都市的な多作ではない」と話した。さ

鳴海康平氏

筆者撮影

らに「三重を拠点に新作をつくり、地元や日本各地、海外に発信する。コストを考えると三重は条件がとてもいい」と言葉を続けた。三重は日本列島の中央部に位置するうえ、対岸にある中部国際空港から船便を使えば津市まで45分。さらに劇場から伊勢自動車道のインターチェンジまで車で10分と近い。「ベルヴィルで舞台を組み、本番同様の稽古（ゲネプロ）に励んだあと、全国各地や海外にまで巡回興行できる」と語る。

ベルヴィルと名づけたのにはわけがある。1つに仏語で「美しい村」という意味なので、地名の美里に通じる。2つには先に触れたパリ公演の際、パリ20区のベルヴィルの安宿に泊まっていた。下町で、中国系やアフリカ系移民が集まる活気のあるまちだ。このときの好印象が新劇場の名前になった。

2014年11月23日のこけら落とし公演「シンデレラ」には地元住民を無料招待した。高齢の女性は「久しぶりにお芝居を見た」と感動した。津市長の前葉泰幸も関心を抱いて駆けつけ、終演後のアフタートークに登壇した。

▶里山から海外へ

鳴海と団員3人の計4人は東京などから移住して津市美里地区で暮らしている。鳴海はいかにして生計を立てているのか？　劇場近くの民家を安

く借りるほか、松浦の紹介で三重県文化会館の演劇教室の講師に起用された。毎年、県内の高校生 300 人を対象に行う恒例行事で、謝礼を得る。油田の紹介を得て地元テレビ局が発注する制作会社の映像編集も手伝う。さらに三重大学では「演劇入門」の非常勤講師に任じられた。「家賃や生活費が東京より随分と安い。何とか生活できている」と笑顔で語った。

第七劇場は移転後、盛んに活動を繰り広げている。1 つには松浦の計らいで、同会館の準フランチャイズ劇団に選ばれ、年 1 本の新作づくりを依頼された。費用は 130 万円程度である。「三重から創造して全国に発信したい」(松浦) という狙いである。

2015 年制作の第 1 作「アリス・イン・ワンダーランド」は津市に加えて広島市、大垣市で公演された。三重で創造された作品が各地に届いた。2016 年からの 3 年間は、同会館の取り組みが文化庁の補助事業に選ばれ、第七劇場と台湾・台北に拠点を置く「シェイクスピアズ・ワイルド・シスターズ・グループ」との共同制作プロジェクトを進めている。2014 年の第七劇場・台北公演がプロデューサーの目にとまって同制作の話が持ち上がった。1 年目は日台の劇団が 1 作品ずつ制作し、互いの俳優を 1 人ずつ交換して、ドストエフスキー作「罪と罰」など 2 作品を上演した。互いのセリフを字幕で表示した。津では台湾の俳優による中国独楽のワークショップを行い、市長の前葉も参加して日台交流を行った。2 年目は台湾の演出家を起用。3 年目は音響照明のプランニングを日台で共同制作する。

松浦は「第七劇場は三重県内で唯一のプロ劇団」と評価して準フランチャイズ劇団に起用した。同会館では劇場法の第 3 条に明記された、劇場が果たすべき 8 つの役割の実現をめざしているが、このなかで一番難しいのが国際交流だそうだ。「海外渡航費や宿泊費が必要で予算が大きくなり、自治体文化施設としては負担が重い」のだが、同会館は第七劇場の移転を追い風にして国際交流にも挑んでいる。

2017 年 3 月 1 日号の津市広報誌には鳴海と市長の前葉の対談が掲載された。対談によると、旧自治省 (現総務省) 出身の前葉は、かつて熊本県庁に勤務していた際、文化行政に携わり、熊本県立劇場の担当になったこ

とに触れ、「行政が所有する文化ホールなどは、ただの貸し館では駄目で、文化を創り出す場所にしないといけない」と語った。[11]

2-3　静岡県掛川市の掛川城をめぐる管理と運営

　2-2で紹介したのは自治体財団と非営利団体の連携だったが、2-3では自治体、自治体財団、民間事業者の協働を取り上げる。焦点を当てるのは静岡県掛川市の掛川城をめぐる指定管理者の選定とその後の状況である。2013年度に指定管理者を公募した結果、2016年度から「指定管理料0円」となり、関係者のなかで話題を集めている事例だ。登場するのは3者である。仕様書を出して公募した自治体（掛川市）、指定管理者である掛川城管理運営共同体、公募では敗れたもののその後に別の市立美術館2か所の指定管理者に非公募で選ばれた外郭団体・同市生涯学習振興公社である。関連文化施設を図表4にまとめておく。

図表4　掛川城に関連する文化施設

施設	開館	概要	事業内容	指定管理
天守閣	1994年再建	外観3層、内部4階。12m×10m、石垣よりの高さ16m	再建した天守閣内部を公開	2014年度以降、管理運営共同体
御殿	1861年	現存する城郭御殿としては二条城など全国4つのみ。	国の重要文化財の建物を公開。結婚式も行う	同共同体
二の丸茶室	2002年	10畳の広間、立礼席、庭園など	訪問客らに茶を振舞う	同共同体
竹の丸	2009年修復	茶の間、広間、座敷、台所	建物公開（100円）と貸室	同共同体
二の丸美術館	1998年	江戸・明治の細密工芸品、近代日本画を収集	季節に応じた企画展や特別展の開催	2016年度から市公社
ステンドグラス美術館	2015年	19世紀の英仏制作ステンドグラス70点以上を所蔵	教会や地方貴族邸宅の窓を飾った作品の公開	2015年度から市公社

掛川市職員の説明や同市資料をもとに筆者作成

東海道筋の城下町と寄付文化

　掛川市は静岡県の遠州地方に位置する人口11万3,000人の地方都市である。新幹線の駅があり、こだま号が停車するほか、東名高速道路のインターチェンジも設けられており、大企業の事業所が立地している。お茶の名産地としても知られる。

　一番のアイデンティティは城下町であることだ。筆者が訪れた2017年10月7日（土曜）には掛川祭の真っ最中であった。通行が規制された中心市街地は法被姿の人々でにぎわっていた。山車のうえで太鼓、笛、三味線が奏でられ、城下町らしい風景だった。

　掛川城の天守閣は戦国武将の山内一豊が築いた。関ヶ原の戦いのあと、土佐に入封され、新たな城を築く際、「天守は掛川の通り」と命じたので、両城天守閣の外観はよく似ている。掛川城は幕末の地震で崩れ落ちた。市が「生涯学習のまちづくり」を進めた際、共鳴した東京の女性が掛川に移住し、1億5,000万円の寄付を申し出た。市や議会で使途を検討した結果、天守閣の再建でまとまった。当時の市長は森林組合長を長く務め、木の文化に愛着があった。そこで「木造での再建」を決意した。「江戸時代の天守閣が残された高知城を視察して、木造の重みに驚き、本物の素晴らしさを痛感した」[12]と当時の市職員は振り返る。

　木造で再建するためには金額が足りない。市民から寄付を募った。先述の寄付を申し出た女性は5億円への増額を申し出た。個人、法人、団体から浄財提供の申し出があった。この結果、天守閣の総工費約11億円のうち寄付は計9億7,000万円にのぼった。

　「まちのシンボル」として1994年に掛川城の3層4階建て天守閣が再建された。青森産ヒバ材1,200石を用いた本格的な木造天守の再建は全国で初めてだった。

　このように掛川には寄付文化が根づいている。天守閣再建のほかにも、新幹線掛川駅建設を請願した際には市民や企業・団体から30億円が寄せられた。東名高速の掛川インターチェンジ誘致も第三セクター方式で実現した。近年では2014年に完成したJR在来線の掛川駅木造駅舎を保存す

木造で再建された掛川城天守閣

筆者撮影

るための耐震化工事には市民から寄付金 6,800 万円が集まった。

　背景には二宮尊徳の思想があるという。地元の人たちによると、「大日本報徳社がある掛川には二宮尊徳の教えが根づいている。尊徳の思想は至誠、勤労、分度、推譲の４つの柱で表現され、『推譲金』とは社会貢献の寄付を意味する」のだという。

指定管理者制度

　掛川城は、行財政改革や観光の関係者から熱い視線を集めている。2014 年度から 10 年間、ホテル経営企業３社で構成する管理運営共同体が城の指定管理者に選定されたからだ。指定管理料は１年目 1,200 万円、２年目 600 万円であったが、３年目の 2016 年度から 23 年度までの８年間は「０円」との提案がなされた。従来に比べて年間約 3,000 万円の指定管理料が軽減された。

　市理事兼企画政策部長（2019 年４月から戦略監）の鈴木哲之（1958 年生まれ）

は「掛川市は市民協働の市政運営が特色で、天守閣再建やJR木造駅舎耐震化工事に市民の寄付が集まる分、それだけに税金の使途を見る市民の視線はシビアで、市は行財政改革を進めてきた」と語った。公共施設210か所中44か所に指定管理者制度を導入した。「施設運営は極力民間に任せたい」（鈴木）と言う。

　掛川城内には天守閣、御殿、二の丸茶室、竹の丸に加えて市立の二の丸美術館（1998年開館）とステンドグラス美術館（2015年開館）も立地している。合わせて6施設が集中する「文化ゾーン」である。ほかにも城周辺に市立図書館、民間の大日本報徳社の集会施設等がある。

　指定管理者が公募されるまで天守閣・御殿・二の丸茶室の3施設は同市生涯学習振興公社が年間1,776万円で、竹の丸はNPO法人が同1,345万円で、それぞれ3年間、指定管理者に選定されていた（2013年度決算）。3施設は別契約で、一括運営されていない縦割り行政だった。しかし「バラバラに選定するよりまとめて指定管理すれば相乗効果があがる」（市行革推進係）と気づき、2013年に事業可能性調査を実施。「公の施設の指定管理に参画する意思はあるか」「どんな条件なら参画が可能か」を問いかけた。「仕様発注」から「性能発注」に切り替えた。

　指定管理者の公募には3者が名乗り出た。JR掛川駅南口前にある掛川グランドホテル（総支配人、上田武）などを経営するホテル事業会社3社で構成する管理運営共同体や、非公募時代に指定管理者だった市の外郭団体・公益財団法人掛川市生涯学習振興公社（理事長、杉浦靖彦）などである。審査の結果は、管理運営共同体が最高点で選ばれた。評価された理由は、指定管理料が他の2つより安価だったこと、民間ホテルのノウハウを活用して自ら稼ぐという手法が注目されたこと、だった。指定管理料は1年目の2014年度が1,200万円、2年目の2015年度が600万円、そして3年目の2016年度は「0円」とし、以後契約期間中の8年間は「指定管理料なし」という提案だった。

　管理運営共同体は規制緩和を求めた。国の重要文化財である二の丸御殿で結婚式を行う。あるいは同御殿で武将や忍者のグッズを販売して手数料

を得る。天守閣の下にある本丸広場で野外のイベント開催や露店営業を行う。自販機も置けるようにする。さらに竹の丸では昼食の提供や夜の宴席を設けて、飲食サービスを行う……などの提案が認められた。市企画政策部長の鈴木哲之が「施設運営は極力民間に任せたい」と語ったように、民間に運営を委ねると決めていた同市にとってはありがたい申し出だった。

　同共同体が管理運営するようになって、3施設の入場者数、売上額、営業利益はいずれも上昇傾向にある。なかでも竹の丸の伸び率が最も大きい。これを図表5、図表6にまとめた。

　掛川城の入場者には天守閣と国の重文・御殿の両施設分が含まれている。両者の入館チケット（大人410円）は共通である。図表5から分かるのは、同共同体が指定管理を引き受けた3施設が2014年度以降、右肩上がりで上昇していることだ。一方で、同公社が2016年度から指定管理者になった二の丸美術館の場合も市が直営した2014年度より増えている。[13] 城と美術館の相乗効果である。[14]

　掛川城の売上額が34.1％伸びるなど順調に推移している。同共同体の努力の賜物である。後述するようにホテルの手法をいかんなく発揮している。一方で、公社時代は規制が厳しかった点も考慮しなくてはならない。指定管理者が民間に転じたので事態は改良された、という単純なものではない。従来の指定管理者だった市生涯学習振興公社のころは天守閣下の本丸広場での営業は認められず、自販機も置けなかった。重要文化財である二の丸御殿での結婚式も認められていなかった。

優れたホテル人材の存在と新たなアイデア

　指定管理者公募の際、指定管理料「0円」の申請を主導したのは掛川グランドホテル総支配人の上田武（1966年生まれ）である。同ホテルは93の客室、宴会場、レストランを有する。上田は「10年間運営を任せていただければ、自分たちで稼ぐので、指定管理料なしで大丈夫」と提案した。

　上田は大阪府大東市に育ち、小中高とラグビー漬けの生活をおくった。178cm、90kgの巨漢FWで、天理高校3年で全国大会に出場して花園の

図表5　掛川城に関連する文化施設の年度別入場者数（人）

	2014	2015	2016	2017	増加数	伸び率
掛川城	117,374	129,600	140,975	148,868	+31,494	26.8%
二の丸茶室	13,658	16,589	18,123	21,033	+7,375	54.0%
竹の丸	8,822	13,108	15,774	17,643	+8,821	100.0%
二の丸美術館	15,857	23,510	21,712	28,249	+12,392	78.1%
合計数	155,711	182,867	196,584	215,793	+60,082	38.6%

掛川市の資料等をもとに筆者作成　（2015 年開館のステンドグラス美術館は除いた）

図表6　掛川城管理運営共同体の各施設売上額（千円）（年度別）

	2014	2015	2016	2017	増加数	伸び率
掛川城	44,758	51,778	56,933	60,010	+15,252	34.1%
二の丸茶室	5,498	6,705	7,403	8,687	+3,189	58.0%
竹の丸	3,204	4,635	4,538	5,690	+2,486	77.6%
指定管理料等	12,238	7,385	0	0	△12,238	-100.0%
合計額	65,698	70,503	68,874	74,387	+8,689	13.2%
営業利益	4,922	10,249	10,716	9,205	+4,283	87.0%

（指定管理料等には、菊花展及び掛川城開門 20 周年記念事業の業務受託料を含む）
（指定管理料は 2014 年度が 1200 万円、2915 年度が 600 万円）

掛川城管理運営共同体の財務表をもとに筆者作成

土を踏んだ。大阪芸術大学の環境計画学科に進学、公園設計を勉強した。倉敷・美観地区などを調査した。学業とは別に大阪城公園に面したホテルニューオータニでアルバイトを経験している。ハット帽に詰襟の制服姿で勤務した。卒業後、南海電鉄系のシティホテル（現在は「スイスホテル」）に幹部候補生として入社した。ディレクターに昇進した。上田は「ある日知らない人から電話が入った。ヘッドハンティングだった。『静岡のホテルで働いてみないか』と請われた。一度は総支配人としてホテルを切り盛りしてみたいと願い、2011 年、未知の静岡の地に飛び込んだ」と回想する。

　就任当時の年間売上 12 億円を、就任 2 年間で 14 億円に引き上げた。「挙式しない方が増えるなど、どこのホテルでも婚礼部門に苦戦している」と言い、婚礼部門の売上減を解消する狙いで指定管理者に参入した。「公

二の丸美術館の外観

筆者撮影

社による従来の運営とは違う道を歩もう、と3年後に管理料0円にして自立する経営計画を立てた」という。

　ホテルが管理運営するといっても、天守閣・御殿の入場料は値上げしなかった。大人410円という料金は公社時代のままだが「ホテルだからこそできる」改善策を積極的に行った。1つは国の重要文化財・御殿で結婚式を挙げられるようにした。和装で挙式して「お殿様、お姫様」気分になってもらったあと、駅前の掛川グランドホテルに戻って披露宴を行う。2つには天守閣真下の本丸広場で、夏場は午後8時30分までビアガーデンを開業した。「天守閣を背景にビールが飲めると好評で、岡山から新幹線に乗って来る方がいるほど」(上田)。3つには城北側に位置する竹の丸の活用である。家老の屋敷跡で、地元豪商が明治や大正に建てた邸宅が残されている。かつては市職員厚生施設として利用されていた。今は夜間営業を始めて宴会の団体客を誘致する。ガス管が敷設されておらず800万円のキッチンカーを購入した。食材とコックを送り込み駐車場に停車して調理し、温かい料理を出す。このほか御殿で2,000円程度のお弁当を提供し

たり、城にまつわる土産物を販売して手数料を得たり、地道に営業努力を重ねる。

辛い経験もあった。「市民の寄付でつくった城で商売をするのか」という匿名の抗議電話が何度もかかってきたそうだ。上田は市民の声に理解を示し、「行事の少ない時代には訪れる機会がなかったという市民が、最近よく使うようになった、と誉めてくださる。本当に幸いです」と感激する。

入場売上額から必要経費（人件費など）を差し引いて、2016年度は年間1,000万円余りの利益を生み出した。予定通り同年度から指定管理料が0円に減額されたが「それでも黒字になった」。上田は「市民の寄付でできた天守閣だからこそ営業利益の一部は市民に還元したい」と話す。たとえば竹の丸は夜間照明がなく、自慢の庭は夜に真っ暗だった。そこで共同体が工事費200万円を自己負担して照明器具を取りつけてライトアップした。必要な電気代として年間200万円を負担した。

共存共栄の姿勢で／掛川市生涯学習振興公社の立場

同市生涯学習振興公社は掛川城の指定管理者を「奪われた」形になった。一方でステンドグラス美術館が2015年に開館した際には同管理者に選ばれた。翌16年には市直営だった二の丸美術館（1998年開館）に同制度が導入され、公社が同管理者に選定された。城内に並んで設置された両館だけに、市は一体運用したいと方針を変更した。前者はステンドグラスを収集していた市内の篤志家（開業医）から作品と建設費を寄付された。後者も工芸品や絵画などの所蔵品は市ゆかりの収集家から寄贈された。これらの施設も官民協働の1つである。

公社理事長の杉浦靖彦（1942年生まれ）に心境を尋ねた。英語教員、校長、県教委の社会教育課長、学校教育課長を経て同市教育長を務めた杉浦は「〈取った、取られた〉は貧弱な発想で敵対的な関係。互いの利点を活用するウイン・ウインの関係を築きたい」と筆者に語った。公社によれば掛川城の入場者が多い日は両美術館の入館者も増える。城内の文化施設は連動しているのだ。「城は観光要素が強く、上田総支配人から民の発想を学ぶ

点も多い。対して公社は文化や芸術の振興に力点を置く。官民で役割分担したい」と言う。次回、城の指定管理者公募でホテル側と争うことは「もうないだろう」と述べた。

　上田は「杉浦先生にはよく声をかけていただいている。先生のお誘いは絶対に断らない」と敬意を示す。杉浦も「上田さんから、民の発想を学ぶ」と応じる。こうして協働が実現していった。

　たとえばJR掛川駅から北側の同城まで光の造形物を設置する「掛川ひかりのオブジェ展」にそろって参加した。JR掛川駅北口からまっすぐ北にある天守閣まで光るオブジェが置かれてきた。どうせならもっと北に位置する竹の丸まで続けたいとして、杉浦は上田に提案。公社と事業体が自己負担でそろってLED機器を並べた。

　JR掛川駅周辺の文化施設6つをめぐるお得な共通パスポートも協働の1つである。杉浦が上田に声をかけるなどして2016年度から始まった。天守閣・御殿、竹の丸、二の丸茶室、掛川花鳥園（民間）、ステンドグラス美術館、二の丸美術館の官民6か所である。合わせると通常価格3,020円のところ、パスポートは1,800円で販売されており、安価になる。さらに市街地循環バスの乗車券付きである。年度末まで有効だ。杉浦は「初年度の2016年度は10か月で1,300部を販売した。全国でも異例の取り組みで2017年度は2,000部を売りたい」と意気込んでいた。

　市全域にアート作品を展示する市主催の地域芸術祭「かけがわ茶エンナーレ」（日比野秀男会長）は異色の事業だ。第1回は17年10月21日〜11月19日に開催された。ここでも天守閣、御殿、二の丸美術館等が会場になっている。掛川城は「指定管理料0円」の話題が先行したものの、筆者にとっては、指定管理料の金額の多寡よりも、指定管理者制度導入が官民協働あるいは公民連携のきっかけになった点こそが興味深い。[15]

2–4　浮かび上がってきたこと

　本章の冒頭で述べたように筆者は、多数の文化施設研究を踏まえ、公立

文化施設が機能するためには3条件が必要だと考えている。1つに「専門人材の存在」、2つに「多様な資金調達」、3つに「場の自主的管理」である。第2節で取り上げた三重県津市と静岡県掛川市の事例について上記3つの視点で分析してみよう。

三重県津市の官民協働

　まずは三重県津市の事例を考えてみたい。人材面でいえば、プロデューサーの松浦茂之と油田晃がそろい、技術者に山中秀一が、芸術家として鳴海康平がそれぞれ配置されている。県立であれ民間設立であれ、分厚い人材が存在している点は最大の強みである。場の管理面をみるとき、民間小劇場3か所はNPO法人パンみえが所有者と契約して自主的に運営している。自由なスペースとして使える。津あけぼの座は、公演やワークショップのために来県した県外劇団員が布団を敷いて泊まり込みもできる。さらに県文化会館は公立施設ながらも楽屋での泊まり込みを認め、深夜や未明でも本番に使う舞台で24時間稽古できる。恵まれた環境にある。全国各地の若手劇団が「三重で公演してみたい」と願う気持ちがよく分かる。

　一方で残る資金調達面は今ひとつ物足りない。公的資金であれ、民間寄付であれ、多額の資金を獲得しているわけではないからだ。むしろ限られた予算のなかで何とかやってきた節約の狙いが強い。それが実情だ。今後は資金調達がカギになる。M–PADで文化庁補助金を獲得したように、中央政府系の資金や民間資金（寄付）をいかに獲得していくかが問われる。さらに県立の施設が積極的に活動する反面、県庁所在地である津市の動きが見られない。松浦が希望する「M–PADの演劇フェスティバル化」の実現は、津市が積極的に関わるのかどうかが分岐点になるだろう。

　課題が山積しているにしろ、三重での取り組みには意義がある。三重県は従来、演劇振興に熱心な自治体だった訳ではなく、全国屈指の設備を誇る文化施設があるわけでもない。いわば「普通」の県なのだ。このような地域でもユニークな人材に一定の裁量を委ねて、自主管理できる場をそろえれば、面白いことが起こる可能性を示している。芸術専門家集団が東京

から地方に移住してくるとき、住民は自らの地域が持つ魅力を再発見する。若者たちも知的な刺激を得ることができる。地域からの創造行為が地方創生のきっかけになるのではないだろうか。

静岡県掛川市の官民協働

掛川城をめぐる物語では、人材面で上田武が興味深い人物である。地元静岡県の出身ではないので、外部の視点からかえって地域の実情がよく見えている。ラグビー部出身の体育会系として仲間づくりが巧みである。市生涯学習振興公社の杉浦を「先生」として立てている。この結果、共通パスポートが売れているように、元々はライバル関係にあった管理運営共同体と同公社が共同歩調で市中心部の活性化を目指すようになった。

市外郭団体である市生涯学習振興公社には杉浦靖彦がいる。県教委の要職や同市教育長も務め、文化行政に詳しい。杉浦も上田から「民の発想を学ぶ」と応じる。先に紹介したように杉浦に対して筆者が「次の指定管理者の公募に応募するのか？」と厳しい質問をしたところ、杉浦が「もう争うことはないだろう」と語った言葉を思い出したい。

収入の多様性は共同体が実現した。2016年度の場合、掛川城では入館料4,773万8,000円、売店1,061万5,000円、喫茶834万3,000円、貸室149万8,000円、手数料20万5,000円など多様な収入源を確保している。

場の管理面では、掛川城は公有地（掛川市が所有者）の文化財という制約のなか、天守閣下の本丸広場でビアガーデンを営業できるようになった。「天守閣を見上げながらビールを楽しめるのは全国でもここだけだそうだ。城郭ファンが岡山から通ってくる」（上田）といい、注目を集める。先述したように「掛川ひかりのオブジェ展」では、共同体と公社は手を携えてLED機器を設置した光の道を北側に延ばした。地域芸術祭の「かけがわ茶エンナーレ」でも自らの施設を参加させ、「面」での魅力向上を図った。この結果、天守閣や御殿に大勢の人が入る日には、二の丸美術館の入場者が増えるといい、連動性が見られるようになった。

第4章　地域ガバナンスと指定管理者制度　103

地域ガバナンスが動き出す

　自治体―自治体外郭団体―非営利団体の連携であれ、自治体―自治体外郭団体―民間事業者の連携であれ、本稿では官と民が協働して地域を治めている現場の様子を紹介した。自治体は、これまで主要なサービス提供主体であり、地域づくりの原動力となってきた。しかし今後は、さまざまな資源制約や活動の限界に直面し、企画立案や実施の中心から退き、多くのアクターの１つとして、地域づくりに参加する構図が見えてくる。

　従来型ガバメントは権力的上下関係にあり、上意下達式だった。しかし地域ガバナンスは協力的水平関係であり、ネットワーク型である。分かりやすく言えば、行政は「縦糸」で、民間は「横糸」で、その両方があってこそ初めて「布」になる。かりに行政職員が文化政策を苦手とするのならば、このあたりに遠因があるのかもしれない。行政は縦でつながる組織である。まさにガバメントだ。対して文化や芸術の振興は水平的なネットワークがあってこそ、であり、地域ガバナンス的状況が求められる。

　本章でいえば、三重県津市の松浦、油田、山中、鳴海は水平に緩やかにつながっている。掛川市の杉浦と上田もフラットな人間関係である。上田は、教育行政に精通する年上の杉浦を尊敬し、杉浦はホテルマンとして豊かな実績を持つ上田に敬意を示す。決して上下関係ではない。

　三重県のＭゲキセレクションであれ、M–PADであれ、いずれも行政単独ではやれない事業である。リスクを回避しつつ、観客を育て、公演を成功させていく。そして次第に重要な賞を受賞する演劇人が現れ、演劇業界のなかで「三重に行けば……」と伝説化する。そうすると東京から劇団が移転してくる。

　掛川市でも、掛川城界隈の「面」を売る共通パスポート発行は、１つの文化施設だけでは到底実現できない。自治体施設も民間施設も一緒になって協働して取り組んでいる。掛川城をめぐる物語では官民の巧みな役割分担が実に興味深い。「稼げる」とみられる観光的な施設は民間に任せ、精一杯集客して売上額を伸ばしてもらう。対して美術館という「稼ぎにくい」とみられる教育的施設は、市の外郭団体で管理して地域の文化度の向

上を図る。棲み分けである。図表5で解明できたように、天守閣等の施設が集客することで非営利な美術館の入場者も増えた。

こうした官民協働が巧みに展開できている背景には、「委託」ではなく「委任」である指定管理者制度の導入がある。三重県文化振興事業団であれ、ホテル等で構成する掛川城管理運営共同体であれ、自らが主体的に考えて事業を行い、地域連携を実現できている。このような事例をみると、地域ガバナンスが動き始めた、と筆者は感じている。指定管理者における見逃せない効果である。

従来型ガバメントから新たな地域ガバナンスへ……と言うのはたやすく、行うには難しさが伴うだろう。しかし困難のなかでも、文化政策の立案や実施、指定管理者の選定は、地域ガバナンスの最前線に立つ仕事である。自治体文化政策の重要性を改めてかみしめたい。

※ 第1節は、拙著『官民協働の文化政策』をもとに改めて書き下ろした。
※ 第2節は、『都市自治体の文化芸術ガバナンスと公民連携』（日本都市センター、2018）の第5章「文化芸術振興における自治体行政と民間の関係―三重県津市と静岡県掛川市を事例に―」の原稿（104-133頁）をもとに加筆修正を行ったものである。同原稿のもとになったのは、津市の事例では松本茂章（2015）「三重県文化会館と津あけぼの座／演劇をめぐる官民連携」『日本の文化施設を歩く　官民連携のまちづくり』水曜社、188-191頁、と松本茂章「小劇場演劇を活力にした三重県の新たな可能性」月刊『公明』2016年3月号、56-62頁であり、掛川市の事例では松本茂章「平成の天守閣づくり」同誌、2017年12月号、74-76頁である。

注

1　中川幾郎・松本茂章編著（2007）『指定管理者は今どうなっているのか』水曜社、179-181頁。
2　新川達郎（2005）「地域ガバナンスから見た指定管理者制度へのアプローチ」『ガバナンス』ぎょうせい、2005年4月号、21頁。
3　新川達郎（2003）「ポスト分権・合併時代の地域住民組織と協働（上）」『自治実務セミナー』第一法規、第43巻第9号、43頁。
4　新川、同原稿43頁。
5　松本茂章（2011）『官民協働の文化政策　人材・資金・場』水曜社、231頁。
6　文化庁「文化プログラムの実現に向けた文化庁の取組について」（2016年7月）
　　文化庁ホームページ。http://www.bunka.go.jp（2018年1月21日閲覧）
7　かつて国家公務員は「官吏」、地方公務員は「公吏」であり、「官公庁」の場合、「官」は国、地方自治体は「公」とされた。このため、自治体と民間の連携を取り上げる際には「公民連携」がしば

しば使われている。

　一方、新聞では地方自治体も「官」側に表現される。たとえば「官官接待」といい「官公接待」とは表記されない。地方分権一括法等では自治体は地方政府であるとの考え方も生まれたうえ、「新しい公共」の概念では、民間も「公」の一部を担うので、地方自治体が「公」を独占するのはどうか、と思う。全国紙出身の筆者は、地方自治体も「官」に含めて「官民協働」と表記する場合が多かった。筆者2冊目の単著の題目『官民協働の文化政策』はその例である。

　本章は読み物的に書いているので、言葉の定義を厳密にせず、文章の流れに応じながら、「公民連携」と「官民協働」を併用している。

8　松浦による経費削減策は、中川幾郎・松本茂章編著（2007）『指定管理者は今どうなっているのか』水曜社、66〜84頁、で詳しく紹介されている。

9　山田百次は青森県出身で、弘前劇場で俳優活動を行った。2008年から東京での活動を始めた。2013年、『東京アレルギー』で劇作家協会新人戯曲賞最終候補に入選。2016年、『珈琲法要』で札幌劇場祭TGR2016最優秀作品賞受賞。2019年1月には、岸田國士戯曲賞の最終候補作品に選ばれた。

10　1つに実演芸術の公演を企画し、又は行うこと。2つに実現芸術の公演又は発表を行う者の利用に供すること。3つに実演芸術に関する普及啓発を行うこと。4つに他の劇場、音楽堂等その他の関係機関等と連携した取組を行うこと。5つに実演芸術に係る国際的な交流を行うこと。6つに実演芸術に関する調査研究、資料の収集及び情報の提供を行うこと。7つに前各号に掲げる事業の実施に必要な人材の養成を行うこと。8つに前各号に掲げるもののほか、地域社会の絆の維持及び強化を図るとともに、共生社会の実現に資するための事業を行うこと。

11　津市広報誌2017年3月1日号、4頁。

12　松本茂章（2015）『日本の文化施設を歩く』水曜社、110頁。

13　2015年度には隣接地にステンドグラス美術館が開館した。同美術館オープン人気の影響で隣接する二の丸美術館も盛況だった。

14　掛川市の資料によると、現在の掛川城管理運営共同体が指定管理者に選定される前の2013年度の場合、掛川城の入場者は10万9,857人、茶室が1万3,082人、竹の丸が5,327人だった。同共同体が指定管理する2016年度に比べて、大きく下回る。しかし城内で自由な営業が認められていなかったので、一概には比較できない。

15　市民ボランティアという形の官民協働もある。掛川城の場合、ボランティア団体として「戦国おもてなし隊」が活動している。「お頭」（リーダー）を務める同市在住の小澤孝司（1947年生まれ）は黒装束の忍者姿になって観光客を案内する。若いころ3年間スペインのマドリッドに暮らした経験があり、スペイン語と英語で案内できる。同城には近年、外国人観光客が増えているという。

第 **2** 部
指定管理者の事例分析

第 **5** 章

全国各地からの

報告

松本 茂章

はじめに

　公立文化施設の管理と運営をめぐり、公立文化施設に導入された指定管理者は、どのような状況で決まり、どんな運用を行っているのか……。第5章では全国各地の事例を見ていきたい。

　本章では、筆者による連載原稿「『文化』の現場を歩く　人材・施設・手法」（月刊『公明』）のなかから特筆される事例を紹介する。掲載する順番は自治体直営から始まり、自治体文化財団、自治体と文化団体で構成する公益社団法人、自治体が一部出資した株式会社、NPO法人、そして交響楽団が加わる共同企業体に至る。直営を除き、それぞれが公立文化施設の指定管理者に選定された事例である。

　第4章で紹介した地域ガバナンスのこと、あるいは筆者が提唱する文化施設が機能するために必要な3条件を念頭に読み進めていただければ幸いである。記述内容は取材当時のものであり、現在と異なる場合がある。お話をうかがったみなさまの敬称は略させていただいた。

1

四季文化館みの〜れ（茨城県小美玉市）

──シビックプライド形成を目指す自治体直営の文化施設

「住民参画」の文化施設

　ビッグバンドジャズの旋律が聞こえてきた。筆者が2018年7月1日（日曜）に茨城県小美玉市・四季文化館（愛称「みの〜れ」）を訪れると、舞台上で住民の「楽団四季」（26人）が週1度の練習中だった。住民劇団「演劇ファミリーMyu」（92人）も毎週1度、稽古に通う。両団体は「みの〜

ガラス張りの外観が印象的な四季文化館

筆者撮影

れ支援隊」(158人) に加盟。無料で練習等を行う代わりに館主催の公演時に客席誘導やチケットもぎりに協力する。同隊には音響照明担当「スタッフエッグ」(12人) や情報誌発行 (10人)、チラシデザイン作成 (10人) も加わっている。

　同隊とは別にプロジェクトチームが7つ (計73人) ある。音楽会、ホワイエ (ロビー) や廊下での美術展、お祭りなどを自主的に開催する。同隊と同チームは並列し、上部に企画実行委員会 (15人) を置いている。全員が市非常勤特別職に任命される。10〜18年度の場合は1,580万円の事業費予算を有し、各チームの予算要望を査定。面談を経て事業費削減や内容充実を助言する。自治体直営の文化施設なのだが、自治的な運営手法なのだ。

　館長の山口茂徳 (1952年生まれ) によると「うちのよさは徹底した住民参画。住民の会合にできるだけ出席して、実行委員、支援隊、各チームなど計200人以上の顔と名前を覚えるよう心がけている。まちづくりは行政だけでは限界があり、住民の力を合わせて1つの方向に進みたい」と語っ

第5章　全国各地からの報告　　109

た。山口は農家。農地 270 アールに花、果実を生産する。若いころには
青年団長を務めて人望厚く、開館翌年、館長に請われた。

酪農のまち

　小美玉市は小川町、美野里町、玉里村が 2006 年に合併して誕生した。
東京から北に 80 キロ。JR 常磐線の特急で 1 時間ほどかかる。全国市町
村で鶏卵産出額が日本一、生乳生産量は 42 位（茨城県 1 位）という酪農地
域である。酪農は出荷や飼料栽培に協働作業が欠かせない。美野里町のこ
ろから青年団活動が盛んで、生涯教育や公民館活動を奨励してきた。ガラ
ス張りの同館は美野里町当時の 2002 年に開館。森のホール（600 席）、風
のホール（300 席）、和室、会議室、広いホワイエなどが設けられた。バブ
ル経済崩壊後に構想されたので建設反対の声も出た。「どんな館にするか」
を住民会合で何度も話し合った。各地へ視察に出た。「みんなが参画でき
るホールづくり」を目指した。
　関係者が一様に語るのは、こけら落とし公演「田んぼの神様」で受けた
衝撃である。出演者が 2 年間、稽古を重ねた。同館担当職員だった中本正
樹（1976 年生まれ、現在は企画調整課係長）の証言。「出演者は洋風でメルヘン
な物語を期待していたが、劇作家は盛んな酪農に注目してオリジナル脚本
を書き上げた。牛、ハエ、カエル役が舞台に登場して演じることになった。
疑問を抱いた住民有志が常磐線で上京し、上野駅近くの喫茶店『ルノアー
ル』で劇作家に陳情した」という。「なぜハエが出てくるのか？」との問
いかけに劇作家は「このまちの自然や生き物は宝物。地に足をつけたミュ
ージカルにしたい」と答えた。納得した住民らは以後、稽古に熱を入れた。
牛、ハエ、カエル役の出演者は動物の動きを観察して演技に活かした。中
本は「私自身、地元出身。地域にただよう牛糞肥料のにおい、飛んでくる
ハエに幼いころから恥ずかしく思い、コンプレックスを抱いていた。しか
し、このミュージカルづくりを通して考えが変わった」と振り返った。

多彩な人々の参画を得て

同公演に参加した人々が館運営の礎となった。注目されるのは「スタッフエッグ」である。音響照明の専門家に指導を受けて技術を磨き、ピンスポットを取り扱ったり、照明卓を操作したりする。代表の山本一惠（1941年生まれ）は「当初は機材に触らせてもらえなかった。舞台袖の見張り番から始めた。照明卓を操作できたのは4年目から。Myu でも楽団四季でもピンスポを振る。端から何番目の人がソロ演奏をするか、台本を熟読する。うまくいくと感激します」と話した。

山本は関係者から「かーちゃん」と呼ばれ、愛されている。家庭菜園を愛する主婦で、西隣の石岡市民だが、こけら落とし公演の際「年配者が足りない」と誘われてから同館と縁が続く。11年3月の東日本大震災の翌日「かーちゃん」は自分の畑で採れた正護院大根を用いて50人分の味噌汁をつくり、円筒形の鍋に入れて差し入れた。同館の一部は破損したが、風のホールは無事だったので市災害対策本部に使われていた。徹夜する職員らは鰹節と昆布の出汁に温められた。

山本はプロジェクトチーム「光と風のステージ」に発足時から参加した。風のホールや中庭で音楽事業を行い、同館をライブハウスに早変わりさせる。50回の公演を終え役割を果たしたとして解散。その後「光と風のステージCUE」（11人）が10年に発足して後を継いだ。会社を定年退職した鈴木伸二（1947年生まれ）や青年団活動の経験を有する大久保雅子（1952年生まれ）らが加わった。毎月会合を開き、招く音楽家を検討。個人的に音楽を聴きに行き、会議の際に推薦する。候補になれば、複数人数で音楽会に出向き技量を確かめ、出演交渉を行う。大久保は「ピンスポが必要ならスタッフエッグにお願いする。とても手づくり感のある音楽会になる」と話した。2人によると、同館から年間90万円の補助金を得るほか、会場使用料は減免される。ドリンク1杯込みの入場料は1,000円。2杯目以後はCUEの収入になり、音楽視察等の経費に充てる。本番はおそろいの黒Tシャツや黒エプロン姿で給仕する。2人は「多くの住民やミュージシャンと知り合える。生きがいの1つになった」と笑顔で語った。

館の説明によると利用者やスタッフは市内と市外が半々。石岡、水戸、笠間など近隣自治体から車で通ってくる。市側は「広域文化圏」と理解し、市のよさを外部にＰＲできていると受け止めている。

開館15年を経た課題

　住民参画のため会合は夜に開かれる。館の市職員は残業が増えるうえ、住民の厳しい意見に接する。「最も異動したくない職場」とも言われる。しかし市秘書政策課長（2019年4月から教育部長）の中村均（1965年生まれ）は「住民が主役の施設にするため市直営の形態を選んだ。指定管理者制度を導入しなかった。同制度では収入増を含めた効率運営を図り、住民との距離が広がりがちになる。市職員が定期異動で同館職員に就いて住民参画の現場を実体験することで、その後、商工観光、福祉、教育などの他部署に異動しても住民との協働を恐れず、積極的につながろうとする。同館は職員の人材育成機関になってきた」と評価した。

　順調に推移する一方、06年の3町村合併後の悩みがある。市によると、1つには、みの〜れ企画実行委員会で差配できる事業費が少なくなったこと。旧美野里の同館（600席）、旧小川のアピオス（1,200席）、旧玉里のコスモス（535席）の3ホール体制になったので、収容力を考えて他館での催しを増やしたり、アピオスに同様の実行委員会が発足して550万円を予算化したりするなどの予算組み換えも行われた。また市の予算編成方針により、一般財源の抑制策として最大4％の削減が示されており、市全体として厳しい予算編成を余儀なくされている。関係者は文化予算の削減を極力避けたいと考えているものの、みの〜れ企画実行委員会事業費は05〜06年度の2,800万円から現状の1,580万円になった。だからこそ事業企画に一層の創意工夫が求められる。2つには専門職員の育成である。美野里町当時は住民との関係構築のために比較的長く勤務させてきたものの、合併後の人事ローテーションは任期が短くなった。3つには、開館15年を経て運営に携わる民間出身の後継者をいかに数多く育てるかの課題を抱える。

　合併のおかげで住民参画は全市に広がった。旧小川のアピオスでは従

来、貸し館と鑑賞事業が中心だったが、住民の実行委員会が発足した。派手な演歌歌手に扮した住民が出演する自主企画「スターなりきり歌謡ショー」の上演などで満席になった。3つの館を束ねる公共ホール運営委員会（12人）の委員長、黒田惇彦（1944年生まれ）は

音楽会場となる四季文化館の中庭と黒田惇彦さん
筆者撮影

「今のアピオスの活動は、みの〜れを追い越すぐらいの勢いがある。いいこと」と語った。自身は早稲田大学理工学部を卒業後、日立製作所に入社したエンジニア。土浦工場への転勤を機に美野里町内にマイホームを建てた。「今では第一の古里」だ。会社員時代は未明に帰宅する仕事人間だった。みの〜れ開館翌年から運営に関わった。現在も同館では「光と風のステージCUE」メンバーとして活動し、旧玉里のコスモスではギター演奏団体に加わり練習・公演する。「企業という縦社会にいた反動でフラットな関係が楽しい」と言う。みの〜れの水平な関係性は、参画する住民がいつでも使えるスペースで培われる。同館1階には住民が作業や会議に使う小部屋が用意され、午後10時まで集まることができる。

　わが国最初の全国ヨーグルトサミットが18年10月20〜21日、同館などで開催され、全国の特産地16自治体が参加した。「日本一」を投票で決める。住民劇団Myuはヨーグルトに寄せたミュージカルを披露した。2日間で3万9,000人が来場した。酪農地域らしい催しである。小美玉を訪れてみて、文化施設は単なる文化芸術の普及にとどまらず、自治意識、郷土愛、シビックプライドを生み出す場であることを痛感した。

2 かすがい市民文化財団（愛知県春日井市）
── 「のだめ」音楽会を企画した専門家集団

「のだめ」音楽会の盛り上がり

　台風の接近に伴う雨風の強い2018年7月28日（土曜）午後、東京都調布市のグリーンホールでは「のだめカンタービレの音楽会」（茂木大輔指揮）が開かれた。二ノ宮知子の描く漫画は講談社の女性漫画誌『Kiss』に連載されて人気を呼び、ＴＶのドラマやアニメ、実写映画となった。音大生の野田恵と千秋真一が切磋琢磨する物語。原作・ドラマ・映画に登場した曲を披露する同音楽会は通算93回目。この日はチャイコフスキーが特集され、仏軍のロシア侵攻を描いた序曲「1812年」が披露された。映画では千秋のパリデビュー曲だった。ヴァイオリン奏者・松本蘭が紺色のロングドレス姿で登場し「ヴァイオリン協奏曲」を奏でた。「悲愴」を経てアンコールは「くるみ割り人形」。茂木による丁寧な解説も行われ、聴衆は雨に濡れながらも満足して帰路についた。

　同音楽会が始まったのは06年1月29日（春日井市民会館）。以後13年に及ぶロングランの秘訣は、楽曲演奏の魅力に加えて、交響楽団の後ろに巨大スクリーンを掲げ、原作イラストや曲解説が映し出される工夫にある。初心者でも十分に楽しめる同音楽会を企画したのは、愛知県春日井市の公益財団法人かすがい市民文化財団である。映写室では同財団プロデューサーの小松淳子（1975年生まれ）が曲に合わせて映像を変えるスイッチを操作していた。どの絵を選ぶかは小松に委ねられている。

　舞台監督も同財団職員が務め、ツアーには2〜3人体制で同行する。財団によると利点は主に3つある。1つにはチラシや舞台投影画面で同財団の名前が紹介されるので春日井市のシティセールスに貢献する。市から表彰された。2つには通常の文化財団は他地域の公立文化施設を借りて事業を行う経験が少ないが、同音楽会のおかげで「他会館と情報共有できる。

114　第2部　指定管理者の事例分析

弁当や張り紙など、よそではこんな工夫をしている、こんな親切なサービスをしている、と随分参考になる」(小松)。他館の企画を自館に誘致することもできる。3つには収入増の貢献である。ピーク時の08年度には計18公演を行い制作料として330万円が財団に入った。19年6月29〜30日には100回目を開催。「地方都市発の事業が全国34都市で実施されることはまずない。100回目の企画は1年前から練ってきました」と小松は語った。

花の1期生たち

小松は05年の定期採用1期生である。山口大学人文学部を卒業後、印刷会社を経て古里の大分県文化振興財団に採用された。当初は練習場の受付を務め、4年目で企画事業課に移った。バレエやクラシック音楽の公演を担当したが、詳しくなく、バレエ漫画や「のだめ」を熟読して知識を養った。漠然と「のだめ」に登場する曲の音楽会があれば、と思っていた。転職を図り今の職場の採用試験に受かった。1年目の5月、上司から「新規事業を考えてみては」と言われて提案したのが「のだめ」音楽会。漫画の取材協力者である茂木大輔(NHK交響楽団首席オーボエ奏者)と東京・泉岳寺境内の茶屋で会い、実現を訴えた。原作者や出版社の快諾を得た。

小松の同期は7人いた。現在も小松を含めて4人が勤務する。チーフマネジャーの米本一成(1974年生まれ)、広報兼総務グループマネジャーの山川愛(1976年生まれ)、技術長の内原昭弘(1965年生まれ)で、いずれも課長補佐や係長級として現場を牽引する。

米本は全体を統括する立場。愛知県立芸術大学大学院美術研究科(空間デザイン)を修了してコンサルタント会社に就職したが、思うところあり30歳で転職した。一級建築士の資格を持ち、名刺にも印刷している。「施設の修繕をするときに生きている。業者の言いなりにならずに対応できる。図面が読めるので業者と対等に話ができる。相手は変な見積もりをしてこない」と言い、「前職が意外に効いてくる」と中途採用の利点を指摘した。山川は金沢美術工芸大学工業デザイン学科を卒業、大阪の研究所で広報と

第5章 全国各地からの報告 115

して働き、転職した。広報誌をつくって積極的にまちに飛び出し、市内の学校校歌や店舗の紹介を行ったり、市民レポーターを養成して公演評を書いてもらったりしている。同財団では芸術監督は設けず、企画面も現場職員が主導するボトムアップ型で臨んでいる。

自治体に信頼された文化財団

雇用環境が安定している背景には、02年制定の市文化振興基本条例第6条で「財団の責務」を定めたことが大きい。市と財団が車の両輪として文化政策を担う方針が固まった。このため、銀色の外観が特徴的である1999年開館の文化フォーラム春日井（図書館と文芸館）のうちの文芸館（視聴覚ホール、美術ギャラリー、自分史センターなど）と、1966年完成の春日井市民会館という2つの指定管理者は、公募ではなく随意契約で財団が選ばれている。市等主催の市民美術展、書道展、短詩型文学祭の事務局も財団に委託されている。

財団の説明によると、指定管理者制度では「上下分離」方式を採用。施設管理（ハード）と人件費・自主事業費（ソフト）を分けており、指定管理料（年間1億2,000万円）には人件費や事業費が含まれていない。市からは人件費1億6,000万円余と事業補助3,600万円を合わせた約2億円の運営補助金を得て、1億円規模の事業を展開する。米本は「仕事の内訳は自主事業40％、指定管理業務35％、委託事業25％とバランスが取れている。市と信頼関係があるので財団からの予算要求はほぼ認めてもらえる。代わりに国の補助金等を獲得

文化フォーラム春日井の吹き抜け空間で行われた音楽会

かすがい市民文化財団提供

かすがい市民文化財団事務所のある文化フォーラム春日井の外観
筆者撮影

得できた場合、市補助金や指定管理料の使わなかった額を返還する。17年度は年間2,400万円に達した。きわめて珍しい制度」と説明した。

　チケットも売れている。舞台芸術事業の自主財源比率は94・3％(17年度)。チケット売り上げで事業を賄えている形だ。美術や文学を含めた全体でも同73・9％という。多くの財団では臨時職員や契約職員らの非正規雇用が少なくないが、同財団の場合、職員36人のうち、正規雇用が22人と3分の2を占める。正規職員の平均年齢は35歳と若い。2000年の財団発足当初、3分の2が市職員の派遣だったが、契約が切れる3年ごとに採用試験を行い、徐々に市職員を減らした。18年4月1日採用（2人）で職員の「プロパー化」が完了した。現在は次長（通称・館長）1人だけが現役市職員である。12年の労働契約法改正に伴い、16年度には全正規職員と無期雇用契約を結んだ。

　思わぬ効果が生まれた。総務グループマネジャーの山川によると、無期契約後、女性職員3人が結婚し、既婚者も含めて3人が出産して産休・育

第5章　全国各地からの報告　117

休に入った。山川は「おめでたいこと」と笑顔で言い、米本は「産休・育休の女性職員が職場に帰ってきたとき、事業なりサービスなりを提案する際の視点が変わる。楽しみです」と話した。

高蔵寺ニュータウンの課題

　春日井市は名古屋市の北東に隣接する郊外都市だ。人口31万人。市東部の丘陵地帯に日本三大ニュータウンの1つ高蔵寺ニュータウン（4万人）が建設され、1968年に入居が始まった。東京や大阪と同様、少子高齢化が進んでいる。筆者も18年8月に訪れてみたが、タウン内の大型商業施設は平日昼間に大勢の熟年世代でにぎわっていた。買い物をせずベンチに座ってすごす姿も見かけた。しかし文化フォーラムや市民会館とは地理的に離れており、同財団にとっての課題である。

　16年から新しい取り組みを始めた。市出資の第三セクターが経営する大型商業施設から「開業40周年を迎えて舞台公演を実施したい」との相談が財団に寄せられ、落語会を主催することになった。施設側はチケット100枚（ペア50組）を購入して抽選で顧客にプレゼントする。施設に隣接する市立東部市民センターのホール（495席）を無料で借りて会場にしたところ、チケットは完売。そこで17年度も継続し、子ども向け演劇「ピノキオ」を上演すると同じく完売した。チケット抽選も50口に対して662口の申し込みが寄せられた。財団は手ごたえと同タウンでの需要を感じ取った。小松は「今まで同タウンの商業施設とお付き合いがなかったが、交流が生まれて幸い。18年は年2本に増やした」と言い、8月に花形狂言を、12月にこまつ座の公演を開催。「東部市民センターは手ごろな席数なので使い勝手がある。ぜひ財団で運営したい」と話した。

　東部市民センターには住民票等を交付する市出張所があるので、ホールも市直営で運営されている。併設の図書室は18年4月、同タウン内の閉校小学校内に図書館として移転し、同室跡は音楽練習室やダンスの可能な軽運動室などに改装された。山川も米本も「ニュータウンの住民は名古屋に通勤する場合が多く、春日井の中心街に足が伸びなかった。財団として

は、東部市民センターの指定管理者となり、ホールを切り盛りして住民に
文化事業を提供したい。私たちは運営のプロという自負があるから」と熱
っぽく語った。現状のままでは１期生が定年退職しない限り、後輩たちは
責任あるポストに就けないので、新たな施設を求めるという背景もある。
市側は「議論していない」とのことだが、財団の新たな道が開けるのかも
しれない。

3 岡山県天神山文化プラザ（岡山県岡山市）
——岡山県文化連盟が指定管理者に選定されて

愛称は「天プラ」

　2017 年 8 月 11 日、岡山県立の天神山文化プラザ 3 階会議室でヴィヴ
ァルディ作協奏曲「四季」の「春」が流れた。第 51 回「クラッシックへ
のお誘い」と題したＬＰレコードを聞く音楽会に 30 人が参加した。真空
管アンプを用いていたので独特の音が響く。ナビゲーター役の行正健志
（1948 年生まれ）はＬＰ 7,000 枚とＣＤ 3,000 枚の計 1 万枚を持つ音楽愛好
家だ。同プラザ（愛称・天プラ）は岡山城近くに位置し、JR 岡山駅からも近
い。公益社団法人岡山県文化連盟（若林昭吾会長）が 2008 年から指定管理者
を引き受けて運営している。連盟は県内の文化団体、文化施設、自治体財
団、県や市町村など 115 団体（2017 年度）で構成されている。かつて県文
化振興課参事を務めた行正は「芸術文化関係の団体をまとめ、つなぎ、の
ばすことを目指した総合的団体で、参事の当時、国民文化祭の岡山開催に
合わせて同連盟発足を担当した」と話した。
　同プラザの前身は 1962 年に開館した県総合文化センターだ。県立図書
館を中心にして展示室、ホール、県視聴覚ライブラリー、日米文化センタ

第 5 章　全国各地からの報告　119

前川國男が設計した岡山県天神山文化プラザの外観

天神山文化プラザ提供

ーを併設していた。米国系文化施設の存在は終戦直後の占領期に進駐軍の広報機関が置かれていたからで「戦後の文化政策」の流れを体現する施設だった。その後図書館が県庁北側に移転した後、大規模改修工事が行われ、同プラザが2005年に開館した。3階建て（地下1階）延べ5,740平方メートル。1階に展示室1つとホール（270席）、2階に展示室3つと文化情報センター、3階に会議室と連盟事務室、そして地下には展示室1つと練習室5つが配置されている。練習室では演劇、音楽、ダンスの稽古ができるほか、美術アトリエ用の部屋もある。県民が集い、日ごろの文化活動を発表できる総合的なアートセンターに生まれ変わった。

美術の盛んな岡山県

年間23万4,000人（17年度）が同プラザを利用する。県人口190万人の12％余に当たる。このうち展示室が16万8,000人で全体の72％を占める。同県は美術の盛んな地域とされている。関係者によると、1つには隣接の

倉敷市に戦前から大原美術館があり美術愛好者が育ったこと、2つには岡山大学に特設美術科（特美）が設けられ、日展評議員ら著名美術家が教授を務めて卒業生を育てたことなどが考えられる。だからこそ絵画、彫刻、書道、写真など県民の発

屋上のデザインも斬新な天神山文化プラザ
筆者撮影

表の場が求められた。県総合文化センター開設時の展示室は1つだったが、次第に増設されて今では5つに増えた。利用率は99・3％と満杯である。値段は1週間3万円台から13万円台まで安価に設定されている。

　展示室担当の学芸員、福田淳子（1974年生まれ）は島根大学の物理学科を卒業後、芸術大学の通信教育で美術を勉強した。文化連盟が指定管理者になって採用された。「展示室というハコだけでなく、ここを『場』として考えたい」と語る。連盟発足と改装の10周年を記念した事業「まちなかアート発見・再生プログラム」を企画した。無償で作品提供を募り、チャリティ展を開いたところ、プロとアマチュアを含めて300人が応募。県民700人がチャリティに参加して380万円の収益を得た。最低額1,000円の中で10万円余の値がついた作品もあった。380万円は、傷んだり汚れたりした県内のパブリックアート（野外彫刻や壁画など）の修復や再生に使われた。「樹脂を塗るなど計72点の修復や清掃ができた。やりがいのある仕事でした」（福田）

指定管理者制度の悩み

　同プラザ開館時は県の直営だった。このあと指定管理者制度の公募が行われた。文化連盟は3期続けて指定管理者に選定されている。2015年

の選考結果は競争相手（NPO法人）と僅差だった。プラザ所長の花田修一（1955年生まれ）は振り返る。「600点満点で連盟は445点。相手とはわずか25点差。審査員は6人で1人100点だから1人あたり4点しか違わなかった。選定されてホッとした。常に競争にさらされる指定管理者制度の怖さを痛感した」。2017年度決算の場合、連盟の年間収入は1億3,288万円。同プラザ分の収入は9,810万円。うち指定管理料は6,309万円。貸し館の施設使用料が2,844万円。同プラザ分の収入は連盟全体の74%に当たる。「それだけに、もし指定管理者でなくなったら、職員雇用や事務所設置場所などの影響が大きすぎる」と花田は懸念する。

　冒頭に紹介した行正は県直営時代の2代目所長であり、文化連盟が運営を始めてから初代所長も務めた。県職員のときは指定管理者募集要項づくりに関わった。「天プラの指定管理者には文化連盟を選定する構想が元々あった」と証言する。そして「当時3団体の応募があった。連盟の金額が一番低く、決め手となって選ばれた」、「低い金額で受けたものだから、私が所長になってから自ら苦しむことになった」と打ち明けた。

　同センターから同プラザに改修される際、文化関係者を集めてどういう役割を持たせるかが検討された。その結果、貸し館で採算を取るだけでなく、芸術文化の育成という重責を担うことになった。孵化機能が求められたのだ。この重責を果たすため一定数の職員が雇用された。正規と臨時、非常勤を合わせて計15人。人件費（17年度決算）4,367万円は自主事業費1,492万円、建物維持など管理運営費3,380万円をしのぐ。それでも人手は不足しているという。16年4月に採用された舞台担当の須々木春奈（1986年生まれ）は（2018年3月に退職）「あまりに仕事量が多く、土日曜は休めない。もし職員1人が倒れたら回らなくなる」と話していた。大阪芸術大学を卒業後、東京で劇団活動を行い、帰郷後はミュージカルの指導をしてきた。多忙ななかでも17年度から新規事業「シアター・オブ・ユース」を立ち上げ、小4〜高校生を対象に1期生を募集した。ダンスや歌唱を学び伝統芸能に触れてもらう。

県民とともに

　同プラザは、自治体内の文化関係諸団体と自治体が協力して指定管理者になった事例である。岡山ならではの官民連携はとても好ましい。官主導にならないためにも同プラザの運営には県民の支援が欠かせない。たとえば2009年以来続く行事「天プラ文化祭」はその1つ。団体同士の自主的な交流の場で、例年秋に約20団体が参加する。発案した広報担当の藤原かほる（1970年生まれ）は「参加団体で実行委員会をつくり自らで運営していただいている。団体同士のつながりが生まれて幸い。しかし高齢化が年々進み、荷物運びにも支障が出てきた。もっと若者たちの参加を促さなくては」と気を引き締めた。

　建物の設計者は戦後の建築界を牽引した前川國男（1905-1986）だ。師匠の仏建築家ル・コルビュジエの作品が世界文化遺産に認定されたこともあって前川建築への関心が高まっている。16年度には12団体が視察に訪れた。受付担当の山﨑美幸（1966年生まれ）によると、「以前は年間1団体程度だったのに急増してきた」。建築の専門家は館内に1人もいないので「だれかが案内しなければと思い、休日を利用して各地の前川建築を回って勉強している。前川さんの作品は趣がある」と話す。17年6月には自費でロームシアター京都（旧京都会館）を訪れ、1階カフェの賑わいを見てきた。山﨑は「天プラにもたくさんの県民が集えるカフェがほしい」と言った。

　17年10月28日〜11月19日には特別企画展「天神山迷図」を開催。展示室だけでなく建物の屋上、ピロティ、中庭、ロビーを使った。前川建築の持つ「場の魅力」（福田）を知ってもらいたいと考えた。古代の巨石のある中庭では流木を用いたアート作品が展示され、コンテンポラリーダンスも披露された。期間中、建築ツアーや建築模型をつくるワークショップを行った。美術と舞台に加えて前川建築も魅力の1つになってきた。

4 札幌駅前通地下歩行空間（北海道札幌市）
──アートが繰り広げられる「チ・カ・ホ」の試み

雪の札幌と地下通路

　札幌は吹雪いていた。2016年12月初旬に訪れた北都。雪用の靴ではなかったので、路上で何度も転倒してしまった。地下鉄さっぽろ駅から大通駅まで伸びる「札幌駅前通地下歩行空間（「チ・カ・ホ」）に避難した。南北520メートル、幅員20メートル。暖房が効き、多くの人々が往来していた。市内を貫通する地下鉄南北線は、さっぽろ駅の1つ南が大通駅、2つ南がすすきの駅。この3駅間が地下通路で直結して市中心部は雨でも雪でも地上を歩かなくてすむようになった。2011年3月に開業して6年近く。今では地上を歩く人が多い夏場で、平日は5万5,000人、休日は4万4,000人が行き交う賑わいを見せている。

　都市再開発に26年間携わってきた札幌市都心まちづくり推進室長、高森義憲（1959年生まれ）によると、地下鉄南北線が札幌冬季オリンピック（1972年）に合わせて開業した際、大通駅─すすきの駅などに地下通路が誕生。しかし官公庁や民間オフィスが多かったさっぽろ駅─大通駅は、地下通路建設が見送られた。その後、国鉄民営化後のJR札幌駅南口再開発事業などで同駅前の商業集積が進み、同駅と大通駅の両商圏をつなぎ都心の回遊性を高める必要が生じた。行政の決断で事業費252億円の地下歩行空間の建設が決まった。地上は市道と国道に分

人が行き交う札幌市の地下歩行空間の様子（中央部風景）

筆者撮影

かれており、市は172億円、国土交通省は80億円を負担した。

アート作品が展示される地下歩行空間の両脇

筆者撮影

札幌駅前通は地上の道幅が36メートル。うち行政が中央の20メートル分を掘った。地下でも法律上は道路で、イベント開催等に厳しい制限が課される。そこで地下歩行空間の両脇各4メートル（計8メートル分）や交差点の地下は、市が「広場」として条例決定した。高森は「道路でもあり、広場でもある。全国的にも珍しい取り組み」と笑顔で語った。

地下通路がアートの孵化器に

筆者が訪れた際、地下歩行空間では「さっぽろアートステージ」が開催中だった。市が委託金を実行委員会に支出して11月5日〜12月4日まで実施。空間両脇のスペース（広場）にはプロのアーティストによる現代美術作品の公開、高校生が制作した絵画などの展示が行われていた。ときには音楽会も実施される。他の地下通路などを会場に始まった秋の恒例行事だが、開業後の同空間に会場を移して来場者がぐんと増えた。市によると2015年度における同空間の来場者は82万人余りに達した。

「公の施設」である地下広場の場合、官民出資の札幌駅前通まちづくり株式会社が市から指定管理者に選定されている。社長の白鳥健志（1949年生まれ）は同社の特徴を3つ挙げた。1つには財政的な自立、2つには行政と民間の協働（市の出資額は全体の3％）、3つには積極的なアートの活用である。財政は広場利用料や広告収入に支えられている。17年度の場合、収入は2億8,500万円。このうち市からの指定管理料は230万5,000円。対して同歩行空間の広場使用料・広告収入は2億5,700万円である。一方

で、支出の 28% の 8,000 万円はまちづくり事業に回される。株式会社ながら出資者への配当は行わず、同事業を展開する公益的な存在なのだ。

エリアマネジメント会社として正社員 16 人は全国的にも珍しいうえ、現代美術作家の今村育子（1978 年生まれ）を正社員に雇った点も先駆的である。文化事業を企画運営しており、パブリックアートを展開する「PARC」などの同社自主事業を担当する。「作品の搬入・搬出のルールづくり、脚立に登って展示用照明を取りつける作業、チラシの作成などのできる人材が必要となり、知人から『入社試験を受けてみないか』と誘われた」（今村）。このほか、同社では広場の未使用空間を大道芸などのパフォーマンスに無償で提供し、にぎわいをつくり出す取り組みも実施。年 2 回のオーディションを行う。このように札幌では地下通路が芸術を育てる「孵化器」なのだ。

500メートル美術館

地下鉄・大通駅の東側に位置する別の地下通路は、壁面を利用して常設展示場に改装された。「500 メートル美術館」である。先述のアートステージ会場として 05 年から使われていたが、地下歩行空間開業の 11 年から常設化。同市が 5,840 万円を投じて照明付きショーウインドー（厚さ 60 センチ）とパネルを新設した。年 4 回の展覧会が行われ、3 回はプロのアーティスト招聘を、年度末の 1 回はプロアマ問わず公募した企画を実現する。ディレクター高橋喜代史（1974 年生まれ、一般社団法人 PROJECTA 代表理事）は「1 日 1 万人近く通る。それだけに作品の質を高めたい」と熱っぽく語った。「初年度は、酔った方が吐いたりするなど、治安のよくない通りだった。展示作業中、通行市民から『なぜこんなものを展示するのか』と苦情を言われたこともあった」。しかし今では、展示照明のため通路が明るくなったうえ「通行の市民から『寒いのにご苦労さん』と温かい缶コーヒーや菓子パンの差し入れがある」（高橋）。

高橋は漫画家志望だった。著名な雑誌で奨励賞を受賞したこともある。円山公園近くの CAI 現代芸術研究所が開くアートスクールを卒業後、上

京して漫画の修業をしていたが、30歳のとき現代美術の創作活動を行うために帰郷。アートNPO法人S-AIRの職員として勤務している際に500メートル美術館を企画運営する仕事に携わるようになった。高橋と今村は同スクールで一緒に学んだ仲間。2人とも作家活動を続けながら、アートマネジメントの仕事に就くようになったのだが、「市民と芸術文化をつなぐ企画を考える人が少ない。仲間を見つけなければ」と痛感している。高橋はボランティアグループ「500メーターズ」を組織して年間20回ほど企画会議を重ね、自主企画を指導する。今村は16年に同まちづくり会社主催の「シンクスクール」を立ち上げた。1期生は21人。ともに、アートでまちを面白くする人材が育つことを夢見る。

エリアマネジメントの新たな取り組み

　話を地下歩行空間に戻そう。通行量は年々増えている。開業時に比べて平日は2.7倍、休日で2.1倍に増えてきた。外国人観光客も多い。これからはどうなるのか？　同社社長の白鳥は「東京など大都市圏の都市再開発は、ビル所有者が地域を活性化して自社ビルの価値を上げることを目的とする場合が多い。地方都市では行政と民間の協働が不可欠」としたうえで「札幌駅前通地区のまちづくりの主役は、ビル所有者ではなく、ここで働くビジネスパーソンたち。彼ら彼女らがまちづくりや文化事業に参加できる仕組みをつくりたい」と語った。

　一方で、壁の広告、広場の使用とも高い稼働率にあり、これ以上は望みにくい。そこで白鳥は、エリアマネジメントの会社として、地下歩行空間の外でも社会貢献できる会社を目指そうと考えている。すでに北海道旧本庁舎（赤レンガ庁舎）東側地上にある札幌市北3条広場（アカプラ）の指定管理を手がけ、14年以降毎年8月に地域の盆踊りを行っている。白鳥は「わが社と民間不動産業者の間で協定を結び、ビルの中に新たに設けられる公共的スペースの運営を引き受けられないか。たとえば、いろいろな人が出入りして、このまちについて気軽に話し合えるカフェの経営などをしてみたい」と語った。

5 起雲閣（静岡県熱海市の元旅館）

——熱海市民の「おもてなし」

熱海「三大別荘」の1つ

　近年、静岡県熱海市の観光がV字回復している。2015年度の宿泊客数（入湯税ベース）は308万人に達し、14年ぶりに大台に乗った。2011年の236万人を最低に上昇傾向にある。人気復活の理由はいくつも挙げられる。景気低迷のなか近場の観光が再評価されたこと、映画やテレビでよく取り上げられるようになったこと、おしゃれな飲食店が増えたこと、昭和レトロなまちなみが注目されていること。その1つに元別荘の旧根津邸でかつての高級旅館「起雲閣」が一般開放され、「名所」ができた点も指摘される。訪れた2016年7月9日の土曜は生憎の雨模様。JR熱海駅から徒歩20分に位置するが、雨脚が激しくてバスに乗っての訪問だった。尾崎紅葉作『金色夜叉』の貫一・お宮像が置かれたサンビーチ沿いを西に走ってから到着した。木造の表門付近には紫色の朝顔が色鮮やかに咲いていた。

　起雲閣の敷地は9,172平方メートル。設けられているのは9棟1門で延べ3,503平方メートル。1919（大正8）年に「海運王」といわれる内田信也（1880–1971）が母の療養先として和館2棟を建てた。東武電鉄を興した「鉄道王」の根津嘉一郎（1860–1940）が1925（大正14）年に購入し、1929（昭和4）年と1932（昭和7）年に洋館各1棟を建てた。戦前の熱海には三大別荘があった。この旧根津邸のほか、非公開の岩崎別荘、現存しない住友別荘の3つである。このうち今も公開されているのは旧根津邸だけで希少価値がある。

　なぜ起雲閣と呼ばれるのか？　戦後すぐの1947年、石川県で大きな旅館を経営していた桜井兵五郎（1880–1951）が購入して高級旅館に改装した。しかし旅館は1999年に廃業。土地建物が競売物件になったものの、買い手がつかなかった。そこで熱海市長の諮問団体・あたみ女性21会議

128　第2部　指定管理者の事例分析

熱海「三大別荘」の1つだった起雲閣。NHK連続テレビ小説「花子とアン」の撮影も行われた

筆者撮影

が「市で買い取って貴重な文化財を残そう」との運動を始めた。あたみ女性21会議の熱意に押される形で、同市は2000年、12億円で買い求めた。現在は市の指定有形文化財となり、大人510円で見学できる。音楽会や美術展などの貸会場としても使われている。

市民による管理運営

「またお越しくださいねっ」。女性2人が、見学を終えた入館者たちに笑顔で声をかけていた。黒い上着に白いスカート姿の館長・中島美江（1947年生まれ。2018年4月から統括責任者）と白ワンピースに大きな玉のネックレスをつけた副館長・千葉むつみ（1956年生まれ。2018年4月から館長）だ。女性で構成するNPO法人あたみオアシス21（会員27人）が市から指定管理者に選定されている。

同理事長も務める中島は横浜育ちで結婚後に熱海に移り住んだ。「夫は銀行員。専業主婦で社会活動はPTAぐらい。そんな私が、市長の諮問団

体・あたみ女性21会議の代表を拝命して、まちの活性化を真剣に考えるようになりまして」と振り返る。同会議が提言したのは主に4つ。1つに男女共同参画社会の実現、2つに起雲閣の保存、3つに丹那トンネルの湧水の商品化、4つに市内の特産品・橙（ダイダイ）を活用したマーマレードづくり、である。なかでも起雲閣の保存問題に本腰を入れた。

「売却後マンションに建て替えられる恐れがあった。講演会を開いて歴史を勉強した。旅館の女中頭さんが新潟県長岡市にご健在と聞き、自己負担で聞き取り調査に出向いた。次第に価値が分かり始め、『絶対に残さなきゃ駄目』と決意した」（中島）

文人たちが泊まった歴史

副館長の千葉は熱海生まれ。「高級旅館なので名前は知っていたけれど、壁の周囲に木々が生い茂り、中が見えなかった。議員視察に同行して内部を見た瞬間、豪華さに息を呑んだ」と振り返る。洋館は仏国のアールデコや英国のチューダー様式を用いた造りで、天井に華麗な装飾が施されている。ローマ風浴室も設けられた。欧州貴族の館と見間違うばかりだ。和館の造りも丁寧で、「孔雀の間」では舟橋聖一が執筆のため泊まり込み、「大鳳の間」には太宰治が玉川上水で情死する3か月前に女性と宿泊した。山本有三、志賀直哉、谷崎潤一郎、武田泰淳など日本を代表する作家に愛された。2000年11月28日から一般公開するとともに、改装して音楽サロンと美術ギャラリーを備え、市民の集う文化施設に衣替えした。

オアシス21が指定管理者に選定されたのは2012年度から（一部の時期を除く）。その後利用者数は上昇傾向にある。市直営時代、年間入場者9万人前後だった有料入館者が、2018年度は12万621人に増え過去最多を記録した。入館料収入、喫茶売上、貸し館使用料も右肩上がりになった。市生涯学習課の文化施設室長（2018年4月から歴史資料管理室長）、小林啓一（1968年生まれ）は笑みを浮かべながら「オアシスのみなさんの努力には本当に頭が下がる。丁寧な掃除、庭や花の手入れなど女性目線でのおもてなしが行き届いている。入館者から感謝の気持ちを記した手紙もいただくようにな

った」と評価する。喫茶では、オアシス 21 が商品化した橙のマーマレード入り紅茶がおいしいと好評だ。指定管理者制度のうち、同市が日々の収入を受け取る料金収受代行制が採用されている。収入額が当初目標を上回った場合、経営努力を認めて一定額をオアシス側に戻す契約だ。2017 年度分として市は約 377 万円をオアシス 21 に支払った。それだけオアシス 21 の会員らが頑張ったわけだ。

文人墨客ゆかりの熱海

筆者が訪れた際、20 代前後の若い女性たちが多く見かけられた。広い庭を散策するとほっとするらしい。春は梅や桜、夏はアジサイなど季節感がある。有難いことだが、千葉は「これ以上入館者が増えると、建物や庭園をゆっくりと歩いて楽しんでいただくには混雑し過ぎる恐れもある」と懸念した。入館者急増対策が急務となってきた。市側の小林は「見学できるスペースを増やしたい。文人を紹介する場所は旅館時代の和館 1 階だけだが、公開していない同 2 階にも著名作家を紹介する部屋を設けるなど、熱海にゆかりのある文化人をもっと顕彰できれば……。熱海には作家や文化人ゆかりの施設が多く、これらを紹介するセンター機能を持たせる必要がある」と意気込む。

小林の言葉通り、熱海には文学者、美術家、音楽家らが多く暮らした。文人たちの別荘等が立ち並んでいたからだ。小林ら 4 人の市職員が勤務する文化施設室の管理するところは起雲閣を含めて 10 施設ある。▷澤田政廣記念美術館（文化勲章受章彫刻家の作品等）▷伊豆山郷土資料館（伊豆山神社や郷土の宝物）▷旧日向別邸（ブルーノ・タウト設計の地下室）▷池田満寿夫・佐藤陽子創作の家（2 人の旧居）▷池田満寿夫記念館（元工房に隣接する展示施設）▷中山晋平記念館（作曲家の旧居）▷凌寒荘（歌人・佐佐木信綱の旧居）▷彩苑（作家・杉本苑子の旧居）▷双柿舎（坪内逍遥の旧居）である。このうち市の所有施設が 8 カ所だ。このなかで指定管理者を選定して民間活力で運営する事例は起雲閣だけだ。施設の多くは親族や関係者からの寄贈を受けて市が直営で保存と顕彰活動を続けている。とはいえ、小林によると、亡くなったあと

の文化人ゆかりの場所はどうしても話題にのぼりにくく、集客しにくい面がある。経費もかかるなどの課題が山積する。だからこそ、起雲閣で展開されている市民主導による文化施設運営はモデルケースとして大きな意義があるのだ。

　中島らは毎日午前7時30分に出勤して玄関などに水を打つ。こんな話を聞いているうちに興味深いことに気づいた。中島や千葉は旅館業界の出身ではないけれど、親しい友人や学校の友達に旅館業関係者が身近にいた。小林は祖父が旅館の板長、父もかつて旅館で調理師を務めていた。「小中学校のクラス仲間が40人余りだった時代に級友10人ほどの保護者は旅館やホテル、保養所に勤めていた」（小林）。このように熱海市民には「おもてなし」のDNAが脈々と受け継がれているようだった。

NPO法人 ソシオ成岩スポーツクラブ（愛知県半田市）
——市民主導のコミュニティの場づくり

学校体育館を建て替えたクラブハウス
　キュッキュッ。体育館メインアリーナにシューズの音が響く。女性コーチが手拍子を打ち鳴らしながら「GO！GO！GO！」と声をかける。5月5日の祝日、女子中学生のバスケットボール教室が午後7時～9時30分、愛知県半田市立成岩（ならわ）中学校内に建てられた市立社会体育施設「NARAWA WING」で行われた。2分30秒ハーフの試合では「もっとリバウンドを取らなきゃ」の指示が飛んだ。同施設はNPO法人ソシオ成岩スポーツクラブ（林義久理事長）が運営するクラブハウスだ。半地下の1階はメインアリーナとサブアリーナ。2階に事務室、カフェテリア、更衣室、3階にラウンジ、浴室、会議室がそれぞれ配置されている。屋上アリーナ

半円形の膜天井が「羽根」のように見えるクラブハウス

は大きな半円形の膜天井に覆われた全天候型で、人工芝生のコートではテニス、フットサル、ホッケーなどの競技ができる。

2003年12月にオープンした。市条例に基づき午前9時から午後9時30分まで開館。同クラブが指定管理者に選定され、地域住民らが教室に参加したり、スポーツ用具を借りたりして楽しむ。興味深いのはクラブの自主事業と中学校の体育授業や部活動が併用されている点である。平日では、メインと屋上の両アリーナは授業に加えて朝と放課後の部活動にも用いられる。最

クラブハウスの浴場

道路側から見たクラブハウス

いずれも筆者撮影

終下校時刻（春夏は午後6時）まで学校が専用する。土日祝日は学校とクラブが事前に話し合って併用する。メインアリーナの場合、2コートを取れるので、両者が併用する際は緑色ネットで区切る。一方でサブアリーナ、カフェテリア、ラウンジ、浴室はクラブが地域住民に開放している。このため部活の中学生と地域のお年寄り、幼児が同じ場所で一緒にスポーツで汗を流す。そんな独特の光景が日々展開され、文部科学省が提唱する総合型地域スポーツクラブの先駆的事例なのだ。

クラブ設立に尽力した中学教員

　総合型地域スポーツクラブは全国に3,500近くあるものの、学校との共同利用施設をクラブハウスとして持つところは異例。珍しい形がなぜ可能になったのか？　同クラブのマネージングディレクター（執行責任者）榊原孝彦（1959年生まれ・公立中学校長）の回想が興味深い。1996年に任意団体・成岩スポーツクラブが設立されたときは未使用教室を借りて事務所にした。相前後して老朽化した同校体育館の建替計画が浮上。市教委は壊した跡地に従来型体育館を建設する計画を立てた。榊原は同校生徒指導主事を務め、サッカー部の指導もしていたことから「せっかくクラブができたのだから、地域と学校が一緒に使える施設をつくるべき」と発案。当時の校長・加藤良一、歴代PTAや自治会の各会長らの理解を得て陳情を繰り返し、現在のクラブハウスを実現した。当初の建替計画は6億円弱だったが、新施設は本体で9億5,000万円。「私自身は計画途中で成岩中学教諭から市教委スポーツ課長補佐に異動した。敵陣に入った心境でした」と苦笑しつつ「クラブハウスは『もう1つの家』なので、地域のみなさんが集えるラウンジやお風呂、カフェが必要と考えた。逆風もあったが、どんなに困難でも歯を食いしばって頑張る方々が地域にいたので実現できた」と振り返った。

　2002年にNPO法人となったクラブが開館時から運営を委託され、2006年以降は指定管理者（3年間）に選定される。NPO法人側の家賃負担はない。財務をみると、全体の年間収入は6,762万円（2017年度）。このう

ち市の指定管理料が年間 1,900 万円。差額は会員約 2,900 人の協賛会費収入、自主事業（教室等）参加費などで賄う。年間会費は大人個人会員 1 万 8,000 円。家族会員 2 万 4,000 円。1 日利用もでき、大人 720 円。開業医、公務員ら理事 4 人は無給で、有給の専従常勤職員 5 人を雇用する。謝金支払いの非常勤指導者も 15 人程度、ボランティア指導者は約 50 人という大きな規模の事業体に成長した。「公の施設を市が直営すれば 5,000 万円程度の費用がかかる」（竹内宏行スポーツ課長）とされるだけに、市側の財政負担は半減した。

第一線のアスリートだったバスケットコーチ

ピンチもあった。市教委は 2002 年、中学の部活動は平日に行い、休日は地域クラブで指導する市スポーツ振興計画を決定。中学体育館をクラブハウスに建て替えた理由の 1 つだった。ところが休日も部活動を行うのが現実的との声が上がり、市教委は 2012 年に方針を変更。休日の部活動を認める新計画を決めた。このためクラブ会員から中学生や保護者が退会し、ピーク時 2,800 人だった会員が 2,100 人に落ち込み、減収した。

現在はピンチを乗り越えて会員 2,900 人となり、過去最多を記録した。1 つにはアスリート養成に励むようになったこと。第一線を勇退したアスリートをコーチに招き、部活動にない魅力を加えた教室を開催。トップ選手のセカンドキャリア構築にも貢献する。冒頭に紹介した元気な女性バスケットコーチは常勤職員のルンゲ春香（1981 年生まれ）である。福岡県出身。旧姓山下。樟蔭東女子短期大学時代、大学選手権で 3 位に。女子実業団トップリーグ・荏原（現羽田）ヴィッキーズを経て渡米した。ネブラスカ州ヘイスティング大学で全米 3 位。渡独して 2 部リーグのベルリンチームで優勝した。2011 年 8 月に帰国。知人から榊原を紹介され、安価な JR 青春 18 切符で東京から福岡の実家に戻る際、途中下車して面接に臨み採用された。「日本にもこんなクラブがあるとは、とすぐに気に入った」。彼女のバスケット教室は 17 人から始まり、今は 250 人に増えた。市内外の 6 歳〜15 歳が駆けつける。身長 150 センチ。ピンクのヘアバンド姿。「各地の

学校体育館は建て直す時期を迎えているので、他地域でもぜひ導入していただければ」と笑顔で語った。

スポーツ文化の場に集う老若男女

　もう1つの方策は、地域貢献や事業拡大のために2014年に立ち上げた放課後スクールである。小1〜小4の37人が参加する。チーフマネジャー富田続（1985年生まれ）が運転するマイクロバスで中学校区内の2小学校まで迎えに行き、午後3時から午後7時まで預かる。おやつを食べたり、サブアリーナで運動したり……。「子どもたちが会員のおじいちゃん、おばあちゃんたちと仲良くなり、一緒に遊んでいる姿が実に興味深い」。1か月1万円前後の参加費を頂戴する。夏休みの25日間（4万円前後）はサマースクールを実施する。働く母親からの希望が多く募集倍率は3倍に達する。バスケット教室と並んで収入の柱に育ってきた。

　富田は札幌市出身。北海道教育大学の大学院保健体育研究科を修了。「スポーツ関係の仕事に就きたいと願い、ネットでハローワークの求人を探していてこのクラブを見つけた」。自身は野球選手でコーチングの修士論文を書いたが、「今はスポーツクラブのマネジメントが面白くなってきた」と率直に話した。「トミー」と児童らに慕われ、バレンタインデーのチョコレートや家族旅行のお土産を贈られる。「市の指定管理料のなかに修繕費50万円が盛り込まれているものの、施設や設備が年々老朽化している点が今後の課題」と述べた。

　半田市は人口約12万人。自動車関連産業などが立地する。2005年に開港した中部国際空港とも近く、人口は増加傾向にある。成岩地区にも複数のマンションが建てられ、新住民が入居してきた。筆者が訪れた際も同クラブから徒歩3〜4分のところにマンション建設中のクレーンがそびえていた。半面、地元に山車の祭り文化があるなど「地域コミュニティの強い土地柄」と成岩地区で生まれ育った榊原が語った。このように総合型地域スポーツクラブの発展や成長の度合いは、市民のコミュニティ力、あるいは地域ガバナンス（共治）のありようを示す一つの指標だと思われた。

7 豊中市立文化芸術センター（大阪府豊中市）

——日本センチュリー交響楽団を指定管理者の1つに選定

開館記念の特別な夜

　こげ茶色の杉材壁に囲まれた豊中市立文化芸術センター（文芸センター）の大ホール（1344席）で、2016年10月10日の夜、こけら落とし記念演奏会が開かれ、同市出身の著名ヴァイオリニスト・神尾真由子と日本センチュリー交響楽団が演奏した。神尾はこの日のためにモスクワから駆けつけ、ピンク色のドレス姿で熱演。万雷の拍手を受けてアンコール曲を奏でた。センチュリーの楽団員たちは首席指揮者・飯森範親のもと、チャイコフスキーのヴァイオリン協奏曲やドボルザークの交響曲「新世界より」を力一杯披露した。

　多くの観客はこの夜が特別な意味を持つ公演であることを承知していた。なぜなら、文芸センターが同楽団の本拠地になったからだ。

　同市は、同大ホールと隣接するアクア文化ホール（495席）を含めた文芸センター、同市庄内地区のローズ文化ホール（336席）をまとめて指定管理者の公募を行い、同楽団が指定管理者の1つに選定された。楽団の指定管理者は異例である。他の3社と共同企業体を組み、前年の公募に応募。5者と競い合った結果、1,000点満点で702点を獲得し、2位の企業を110点余り上回って選ばれた。

　文芸センターは2017年1月にグランドオープン。地上3階、地下1階の延べ1万3,425平方メートルで、小ホール（202席）、展示室、多目的室を備えている。美術展なども開催可能だ。阪急宝塚線・曽根駅から3〜4分歩くと、コンチネンタル・ベージュ色の外観が見えてくる。1968年開館の旧市民会館（1,580席）を取り壊して、跡地に整備事業費90億9,200万円で建てた。

第5章　全国各地からの報告　137

市民待望の文化施設

　曽根駅周辺には旧市民会館、中央公民館に加えて体育館や野球場もあって、文化・スポーツ地区として親しまれてきた。老朽化した市民会館の建て替えが急務だったが、1995年の阪神・淡路大震災に伴う市財政悪化が足かせとなった。市南部の庄内地区で多くの住宅が倒壊し、市は震災住宅を設けるなどの対応に追われた。文化施設の耐震診断や改修工事が後回しになった。市都市活力部次長・魅力創造課長の長坂吉忠（1964年生まれ）は「1984年に出された文化振興の基本構想で文化総合センターが提言されてから32年……。市制施行80年の今年、ようやく開館できた」と感慨深げにつぶやいた。財政事情のよかった当時、博物館と美術館を含む文化総合センターを建設する案が浮上した。市は1990年に美術品購入基金を設けて8億円を貯めた。しかし財政が厳しくなり、再検討した結果、文化総合センター構想は見送られた。

　豊中市は人口約40万人。「1970年の大阪万博に先立つ千里ニュータウン造成で新住民が急増。文化的関心の高い方が多く、歴代市長は文化行政に力を入れてきた」と長坂は振り返る。「戦後すぐに大阪音楽大学が庄内に移転するなど、市内に音楽資源が多かった」といい、長坂自身、市が2012年度に「音楽あふれるまち」を表明後、市内に事務所を置く同楽団との連携を模索。同年9月には市と楽団の間で推進協定が締結された。こうした取り組みが総合評価され、同市は15年度、府内で初めて文化庁長官表彰（文化芸術創造都市部門）に選ばれた。

危機に見舞われた交響楽団

　大阪に4つある交響楽団のうち、大阪府によって1989年に創立されたのが大阪センチュリー交響楽団だ。府文化振興財団が運営し、同市・服部緑地内のオーケストラハウスを事務所兼稽古場とした。しかし2008年2月に知事が交代して事態は急変する。府財政を立て直すため文化施設廃止を含めた財政再建方針が示された。公設楽団の必要性にも疑問が持たれ、年間4億円の補助金を全額カットする廃止論が浮上。存続を求める署

豊中市立文化芸術センターの外観

同センター提供

名運動も起こった結果、2011年4月、名称変更して公益財団法人日本センチュリー交響楽団に生まれ変わった。音楽家55人、事務局員17人。財団常務理事・楽団長の望月正樹（1967年生まれ）は同楽団ホルン奏者出身で、騒動当時は労働組合である楽員会の代表を引き受けていた。「存続問題を知ってもらいたいと大阪市内の主な商店街に出向いて街頭演奏会を開いた。演奏会後にはロビーに出て署名活動をした。必死でした」。15万人分の署名を集めた。

望月が豊中市職員組合の紹介を得て、初めて長坂と会ったのは名称変更直後の2011年6月末のこと。「楽団は府から独立して自由な立場になった。今まで豊中市とご縁がなかったが、一緒に何かできないか」と訴えた。数か月後、市側から、市内の歴史的建造物などを利用する音楽会「まちなかクラシック」を開きたい……との希望が寄せられた。考えたのは市魅力創造課主査の加藤隆司（1962年生まれ）である。音楽と美術に造詣が深く、一時は芸術系大学への進学を考えたほど。大阪市立大学法学部の学生時代

日本センチュリー交響楽団のコミュニティプログラム

同楽団提供

は大学交響楽団でヴァイオリンを弾いていた。これまで文化芸術国際課や中央公民館に勤務。11年4月に都市活力創造室が新設された際、室長の長坂とともに赴任した。「センチュリー交響楽団が市内に本拠地を持つことを知る市職員はほとんどいなかった。しかし地元の文化資源を活用しないのは『灯台下暗し』だと思った」。同クラシックは12年度から実施。寺院や教会などの会場借用は難しいこともあったが、粘り強く交渉。下見に同行した望月は必ず手を打って残響を確かめた。近世古民家では土間を借り、楽団チェロ奏者による独奏を企画。木製の建具や漆喰壁に反響して評判がよく、恒例の会場となって続いている。

楽団存続に向けて

楽団の財政難は予断を許さない。2015年度の赤字は2億9,000万円。府から自立する際の「持参金」特別事業資産と頂戴した寄付の計22億円を少しずつ切り崩して補ってきた。15年度末の残高は9億6,000万円。

このペースで進めば3、4年で底がつく。だからこそ指定管理者に名乗り
をあげた。職員2人を文芸センター勤務に回した人件費節減、音楽会をセ
ンターで開催する会場費削減等で年間3,000万円の経費を浮かす目標だ。
事務所の賃料が年間3,100万円（当時）とかさんだため、事務所の移転も
検討。さらに音楽会の開催増で増収を図る。

　明るい兆しもある。1社100万円の公認支援企業が4社増えて9社に
なったうえ、新機軸が目白押しなのだ。16年5月にはゴジラ映画を上演
しながら生演奏する音楽祭を実施。ドラゴンクエストのゲームに登場する
交響組曲を演奏した同年11月の音楽会ではチケットが完売した。「クラシ
ック愛好家以外の方にも音楽を届けたい」と望月は願う。

　楽団は2014年度から地域社会と連携するコミュニティ・プログラム
「音楽創作プログラム」の実施に乗り出した。文芸センター開設準備室に
派遣された楽団職員の柿塚拓真（1983年生まれ）が担当を引き受ける。これ
まで哲学カフェオーケストラ、求職中の若者を募ってJR大阪駅前で演奏
した「The Work」、庄内地区住民を対象にした音楽ワークショップなど
に取り組んできた。宮崎市出身の柿塚は相愛大学音楽学部を卒業後、公務
員を志して社会保険庁職員になったが、思うところあって転職。同楽団事
務局員に採用された。民間財団の助成を得てロンドン研修に出向き、地域
と芸術団体が双方向で交流する実践を学んできた。「楽団にどれだけ価値
があるのかを地域の人々に分かっていただけると、『楽団がなくなっても
いいのだろうか』という機運が高まる。音楽が『理解しないといけないも
の』から『楽しいもの』に転じることができれば、楽団に対する印象が違
ってくる」と熱っぽく語る。

　柿塚は「一度は公立ホールで働いてみたい」と自ら手を挙げて文芸セン
ター勤務を希望した。グランドオープン8か月前の16年5月、奈良から
妻とともにセンター徒歩5分に転居。自転車で通う日々だ。「正直言うと、
今まで豊中市に事務所があっても地元と感じたことはなかった。文芸セン
ターに勤務して初めて『自分たちの地域』と感じている」と打ち明けた。

第5章　全国各地からの報告　141

おわりに

　本章で紹介した事例を改めて読み通すと、興味深いことが浮かび上がってきた。

　1つには、従来からの文化施設にとどまらず、観光、スポーツ、地下空間と多様な施設の運営が指定管理者のもとで試みられている実態が分かった。たとえば札幌駅前通地下歩行空間（「チ・カ・ホ」）では、官民出資の札幌駅前通まちづくり株式会社が、札幌市から指定管理者に選ばれて、同空間の両脇などの「広場」の運用を任され、美術展や音楽会などの文化事業を催している。現代美術作家を雇用して、都心部のまちづくりに貢献する。

　同地下歩行空間では、人々の通行量が開業時に比べて増加しており、平日は2.7倍、休日で2.1倍に増えた。北海道旧本庁舎（赤レンガ庁舎）近くの札幌市北3条広場（アカプラ）の指定管理も引き受け、毎年8月には地域の盆踊りを行っている。市の直営ではこんな柔軟な運営を実現できなかったのではないかと思われた。

　2つには、直営であれ、指定管理者であれ、「文化の場」をつくろうとする情熱的な人材が、官民を問わずに存在していることが浮き彫りになった。たとえば熱海市の三大別荘の1つだった旧根津邸を活用した「起雲閣」を切り盛りするNPO法人あたみオアシス21の存在が興味深い。理事長の中島美江（1947年生まれ）は、貴重な地元の文化資源である「起雲閣」が売却されてマンションに建て替えられる恐れがあったなか、「市で買い取って貴重な文化財を残そう」と女性団体を率いて運動を始めた。同市は中島らの熱意に押されて、12億円で購入、市の指定有形文化財にした。市民によるNPO法人が管理運営を始めると、「おもてなし」の精神が発揮されて入場者が急増した。市の直営時は年間9万人前後だった有料入館者数が12万人を超えた。

　3つには、民間の指定管理者が自分たちで収入を増やそうと真剣に考えていることが印象的だった。先に紹介した札幌駅前通まちづくり株式会

社では、2017年度の収入は約2億8,500万円だったが、このうち同歩行空間の広場使用料・広告収入は2億5,700万円を占めた。支出の28%の8,000万円はまちづくり事業に回されている。株式会社ではあるが、出資者への配当を行わず、まちづくり事業を展開する公益的な存在である。

半田市のNPO法人ソシオ成岩スポーツクラブは、市立中学校内に建てられた市立社会体育施設の指定管理者である。同施設は総合型地域スポーツクラブのクラブハウスとして活用され、市からの指定管理料が1,900万円である。同クラブの年間収入は6,762万円（2017年度決算）なので、残りの約5,000万円は会員約2,900人の協賛会費収入、教室開催などの自主事業参加費等で賄っている。市スポーツ課長は「公の施設を市が直営すれば5,000万円程度の費用がかかる」と調査で訪れた筆者に打ち明けたように、市の財政負担が半減したうえ、地域主体のスポーツ振興が活発になった。

4つには、芸術団体そのものが指定管理者の1つに選定されていたことが実に興味深かった。豊中市立文化芸術センターを運営する公益財団法人日本センチュリー交響楽団は、他の3社と共同企業体を組み、指定管理者に選ばれた。同楽団では事務局職員の2人を同センター勤務に回した。これにはわけがある。かつては事実上の大阪府立オーケストラだったのだが、府財政の立て直しが急務となり、公設楽団は廃止される方向が示された。その結果、2011年に「大阪」から「日本」に名称変更して民間楽団として生き残りを図った。指定管理者に選ばれることは公演収入以外の増収策であり、公演場所・練習場の確保、人件費の軽減など幾多の狙いがあった。ピンチが逆にチャンスに変わったのである。

岡山県天神山文化プラザの指定管理者に選定されている岡山県文化連盟も興味深い。県内の文化団体が加盟しており、文化活動の場を自らで管理運営する「場の自主的管理」的な面があるように筆者には映る。文化や芸術の団体自らが公立文化施設を管理運営するというケースが今後増えていきそうだ。

5つには、どの事例も、地域社会と強く結びつこうと努力を重ねていた。地域とともに生きる覚悟が感じられた。「このまちに住んでよかった」

という誇り形成やシビックプライドの構築に懸命である。たとえば筆者が
2018年7月に小美玉市の四季文化館を訪れたとき、あたりには牛糞肥料
のにおいが漂っていた。同市は有数の酪農地帯だったのだ。同館のこけら
落とし公演では酪農を題材にしたオリジナル脚本の市民ミュージカルが上
演され、2018年10月の全国ヨーグルトサミットの際には住民劇団がヨー
グルトに寄せたミュージカルを披露した。シビックプライドの形成を強く
意識していた。

　直営であれ、指定管理者導入であれ、自治体はそれぞれの実情に応じて、
適切な運営手法を選択すればよい。どのような方法を選ぶかを官民で丁寧
に話し合うことが大切である。そのプロセスが自治体職員、文化財団職員、
文化団体関係者らを鍛えるのである。だからこそ、指定管理者制度のあり
ようや、多様な形を調査することは、地方自治を考えることにつながる。

※本章は月刊『公明』に掲載した連載原稿に加筆し、数字などを新たに修正したものである。この
　ため、紹介した人物がその後、異動したり退職したりした場合がある。初出原稿の掲載号は次の
　通り。
　四季文化館みの～れ　2018年9月号
　かすがい市民文化財団　2018年10月号
　岡山県天神山文化プラザ　2017年10月号
　札幌駅前通地下歩行空間　2017年3月号
　起雲閣　2016年10月号
　NPO法人 ソシオ成岩スポーツクラブ　2017年7月号
　豊中市立文化芸術センター　2017年1月号

第2部
指定管理者の事例分析

第6章

関係者に聞く指定管理者制度の
最前線

松本 茂章

指定管理者制度に関する多様な論考と全国各地の事例を紹介してきたが、ここでは日本で最も人口の多い市である横浜市、東京23区のなかで積極的な文化政策を進める世田谷区、自主事業を盛んに展開する公益財団法人かすがい市民文化財団（愛知県春日井市）、そして一般社団法人指定管理者協会の各幹部にインタビューした。生の声を聞くことで指定管理者の「最前線」を伝えることができれば幸いである。

1

横浜市文化観光局
文化振興課
施設担当課長
（主任調査員）

鬼木 和浩さん

INTERVIEW

指定管理者を公募しても応募数が少ない。適正な競争があってこその制度だから、どういう公募要項にしたら企業が応募してくれるのか、検討を加えている。競争性が働いてこそ、業務の質の向上、サービスの向上につながる。競争がないと片翼がもがれた状態になってしまう。

――人口374万人の横浜市だけに、市立の文化施設も多数あるのですね？

　横浜市の2018年度一般会計は総額1兆7,300万円。このうち文化観光局の予算は約105億円。横浜市には「文化芸術創造都市」という大きな理念がある。この理念のもとで、「創造都市政策」を進めているところですが、アート系のYCCヨコハマ創造都市センターや演劇系の急な坂スタジオなどの創造的な取り組みはアートNPO法人に運営を委ねています。

　市が所管する市立文化施設は市内に24か所あります。細郷道一市長時代の1985年に市民文化会館条例が制定され、翌1986年には中区に関内ホールが開館しました。この関内ホールが、所管施設のうちのホール系施設では最も古く、2017年度から18年度にかけて改修工事を行っています。全24施設とも指定管理者制度を導入しています。

146　第2部　指定管理者の事例分析

2016年度にはバンドリング公募を始めました。吉野町市民プラザ（南区）と岩間市民プラザ（保土ケ谷区）は同規模の類似施設で、約180〜200席（ロールバックチェア）のホール、練習室、ギャラリーを併設しています。両施設合わせて指定管理者を公募しました。区こそ違うものの、両施設は車で10分ほどの距離なので、運営の効率化を図った次第です。指定管理者側にすれば施設管理のスタッフを共有化できる利点があります。職員を両施設に常駐させてなくてもいい。曜日によってスタッフがどちらの施設におり、別の曜日は別の施設にいて、という柔軟な運営が可能になった。似ている複合施設なので、ノウハウの共有も期待できると思っています。

——指定管理者に関する近年の悩みは？

横浜市の指定管理者制度は、現在3期目に入っていて、公募しても応募数が1者だけの文化施設が多い。たとえばサンハート（旭区民文化センター）の3期目の公募では1者のみの応募でした。同施設の場合、1期目が市芸術文化振興財団、2期目と3期目では民間企業が、それぞれ指定管理者に選定されました。リリス（栄区民文化センター）の3期目募集では2者の応募を得たが、むしろ珍しいケースです。

理由は分かりません。応募した企業や団体には応募動機を聞くものの、応募しなかった企業に理由を確かめる機会はなく、明確には分からない。悩ましいところです。

あくまでも私個人の推測ですが、推測する理由の1つは新規参入の難しさ。企業にとって「応募しても落ちる」と判断すれば、応募してこない。市に提出する提案書を丁寧に作成しても選定されなければ「つくり損」になるからです。提案書を提出して落ちても、行政から「1円」も支払われない。大規模なPFI事業等の場合では、プレゼンテーションに応じた企業にフィーを支払うケースもあるようですが、指定管理者制度ではそうしていません。企業の方は「つくり損」を警戒されているようです。

たとえば鶴見区のサルビアホールは4者が、緑区のみどりアートパークには6者が、それぞれ応募してくださった。サルビアホールは2011年に、

図表1　横浜市の文化施設・指定管理者導入状況

施設名	公募有無	応募数	年数	指定期間	指定管理者
横浜美術館	非公募	単独指名	10年	2013年度から	市芸術文化振興財団
横浜みなとみらいホール	非公募	単独指名	10年	2012年度から	市芸術文化振興財団
横浜能楽堂	非公募	単独指名	5年	2017年度から	市芸術文化振興財団
横浜市芸能センター（横浜にぎわい座）	非公募	単独指名	5年	2016年度から	市芸術文化振興財団
大佛次郎記念館	非公募	単独指名	5年	2016年度から	市芸術文化振興財団
市民文化会館関内ホール	公募	1	5年	2016年度から	企業4社と財団の共同事業体
市民ギャラリー	公募	1	5年	2016年度から	財団と企業1社の共同事業体
市民ギャラリーあざみ野	公募	1	5年	2015年度から	市芸術文化振興財団
大倉山記念館	公募	3	5年	2016年度から	企業2社の共同事業体
長浜ホール	公募	2	5年	2016年度から	企業3社の共同事業体
久良岐能舞台	公募	1	5年	2016年度から	企業1社
陶芸センター	公募	1	5年	2016年度から	企業1社
吉野町市民プラザ	公募	1	5年	2016年度から	企業3社と財団の共同事業体
岩間市民プラザ	―	―	―	―	吉野町と2施設一体指定
鶴見区サルビアホール	公募	4	5年	2016年度から	企業2社の共同事業体
神奈川区かなっくホール	公募	2	5年	2016年度から	企業2社の共同事業体
港南区ひまわりの郷	公募	1	5年	2016年度から	鉄道グループ共同事業体
旭区　サンハート	公募	1	5年	2016年度から	企業2社の共同事業体
磯子区　杉田劇場	公募	1	5年	2015年度から	財団・NPO・企業2社の事業体
栄区　リリス	公募	2	5年	2016年度から	企業2社の共同事業体
泉区テアトルフォンテ	公募	1	5年	2016年度から	企業2社の共同事業体
戸塚区さくらプラザ	公募（PFI）	2	14年	2013年度から	PFI応募団体（特別目的会社）
青葉区フィリアホール	公募	1	5年	2018年度から	企業2社と社団の共同事業体
緑区　みどりアートパーク	公募	6	5年	2013年度から	企業3社の共同事業体

出典：横浜市の資料をもとに鬼木氏から聞き取りを行い筆者作成

みどりアートパークは2013年に開館したばかりの新設施設ですので、企業側は「指定管理者をとれるチャンスが平等にある」と受け止めたのではないでしょうか。対して港南区の「ひまわりの郷」の場合、ここは上大岡駅の上にある市の施設なのですが、1回目の公募で鉄道グループが指定管理者に選ばれて以降、2期目、3期目と同グループが継続しています。3期目の公募は1者だけの応募にとどまりました。応募しても「見込みがない」と思われてしまっているのかもしれません。

　何か問題が起きるなどのことがない限り、新規参入のチャンスが少ないと企業側は感じ取っているのかも……。しかし適正な競争があってこその指定管理者制度なので、何とか改善したい。

　推測する理由の2つは、指定管理料の額です。現在、指定管理者に選定されている企業が受け取る指定管理料は「安すぎる」と受け止められているのではないか。

　行政として、「この指定管理料は安い」という認識をかりに持ったとしても、提案書に書かれた提案額よりもっと値段を上げなさいと言える立場にはない。「8000万円では足りないでしょうから1億円で応募してください」とは到底言えない。そして、こうした行政の予算に関する額というものは、一度下がるとその額でできると思われてしまうから、値上げが難しい。価格弾力性がない。行政としても、文化施設に限らず、あらゆる事業で財政難に直面しているのが実情で、財政当局は予算減額の方がありがたい。

　本音を言えば、指定管理者制度をめぐって企業間でもっと競争してほしい。制度の趣旨からみて、適度の競争がこの制度を支えているのですから。競争性が働いてこそ、業務の質の向上、サービスの向上につながる。競争がないと、片翼がもがれた状態になってしまう。このため、どういう公募要項にしたら企業が応募してくれるのか、検討を加えているところです。

──と言いながら非公募の施設が5つありますね。
　外郭団体である市芸術文化振興財団に対して、非公募で指定管理者に選

定していることは、適度の競争がこの制度を支えているという考え方と自己矛盾を起こしていないか？　その疑問に横浜市としては頑張って説明しなくてはなりません。

　非公募にした5施設は市芸術文化振興財団を選んでいるところばかりです。横浜美術館、横浜みなとみらいホール、横浜能楽堂、横浜市芸能センター（横浜にぎわい座）、大佛次郎記念館の計5施設で、いずれも「専門文化施設」と分類しています。他の19施設は「市域や地域の文化施設」という分類なので、役割が異なります。

　非公募にした理由の1つは、公募すること自体が「是なのか非なのか」を熟考しているためです。市が公募を認めてしまうと、行政自ら「財団でなくても他のところも同じ仕事ができる」ことを認めることになります。となれば財団の仕事は他の企業との代替性があると認めることにつながってしまいます。市の示す「業務の基準」を満たせば、だれでもいい、どこでもいい、ということになる。企業、NPO、あるいは神奈川県の財団だって、理論上、受注の可能性はあるわけです。実際に神奈川県の財団が応募してくるとは思えませんが……。

　非公募にした理由の2つには、非公募にしている施設はいずれも専門性が非常に高いことにあります。学芸員など資格を有する専門家がいるだけにとどまらず、横浜美術館の所蔵品に精通していないと業務できない。特定時期の西洋近代美術に詳しいというだけでなく、具体的に「この作品や、あの作家に関して豊富な知識がある」という人材でないときちんと業務に臨むことができない。能楽堂ならば、能狂言に精通しているだけでなく、能狂言の業界に人脈がある、ノウハウがある、などが欠かせない。

　非公募にした理由の3つには、専門性の高い施設は、行政がその施設を設置することに伴い、きわめて重要な政策目的が設定されているから。もちろん他分野の施設も政策目的があるものの、文化施設の場合はとくに専門性が高くなる。具体的に説明すると、たとえば東京オリンピック・パラリンピック（2020年）の際の「文化プログラム」実施で中心的役割を果たすこと。政策や方向性は変化する可能性があるので、公募で選定して「運

営を 5 年間お任せしてしまう」というわけにはいかない。

　市域や地域の文化施設の場合は、「業務の基準」を 5 年間提示して、応募した企業や団体から選ぶことが通常で、状況が相当違います。

──非公募にも利点がある？

　公募してしまうと提案書の内容に引っ張られてしまう。提案書を出してもらい、行政が認めた場合、その指定管理者は最初に約束した提案書の内容以外は実施しないことが予想される。文化施設の政策目的や方向性を途中で変更することはとても難しい。

　対して、専門性の高い 5 施設では、「市の政策目的が変更されれば施設運営の基準も変わる可能性がある」と最初から約束して非公募にしました。施設運営の基準を変更する際には、市と指定管理者である財団は、対等な関係で再協議する約束を交わしています。

　非公募の欠点が問題になるのは、他の自治体のように非公募の理由を「請け負える団体が 1 つしかないから」とした場合です。このケースが実に多い。財団の設置目的を「この文化施設を運営することにある」と説明して非公募にする事例も聞く。これでは論旨が逆転してしまっています。「先に財団ありき」であり、かつ行政との緊張関係が弱くなり、好ましくないのではないかと考えています。私自身は、こういうケースを「消極的非公募」と呼んでいる。対して横浜市の専門 5 施設については「積極的非公募」と呼んで区別している次第です。

　急な政策の変更というのは、最近でいえば、観光振興の対策、MICE の実施などの政策の重要性が急浮上して、取り組みが急がれるような事例のこと。MICE とは「会議、招待旅行、国際会議・学術会議、展示会」の頭文字を合わせた言葉で、多くの集客が見込まれるビジネスイベントの総称です。横浜市では、東京オリンピック・パラリンピックに関する文化プログラムに加えて、毎年、大きなアート事業を繰り広げています。具体的には現代美術の横浜トリエンナーレ、ダンスの国際イベント、大規模な音楽祭が、それぞれ 3 年に 1 度に実施されているので、毎年、何かしらの大が

第6章　関係者に聞く指定管理者制度の最前線　151

かりなアート事業が市内で実施される。こうした専門性の高い文化事業に対しての臨機応変な対応を求めるために、公募で選ばれた指定管理者に「こうしてほしい」とお願いしにくい。企業からの提案書を認めて、指定管理料を決めて、5年間の運営を任せた形なので、急な対応を無理に求めることはできない。一方で、特例として非公募にしている市芸術文化振興財団には、いろいろと協力依頼しやすい面があります。

——指定管理期間を10年に設定した施設もあるが……。

専門性の高い文化施設の場合、行政側としては、指定管理の5年間を待っているだけでは間に合わない。柔軟な対応ができない。刻々と動く政策や方向性の変動に応じた施設運営を担保したい、という理由で非公募にした5か所のうち、なかでも横浜美術館と横浜みなとみらいホールの2か所は、特別に指定管理期間を10年間に設定しています。

横浜市の策定した指定管理者のガイドラインでは「原則公募」「期間は5年間」と定めています。このガイドラインの規定とは異なる形での適用をするときには、それなりの理由が必要となります。10年間の理由は、文化事業の企画をつくる際には長い年月が欠かせないから。美術館の展覧会なら1つの企画に3〜4年前から準備を始める。ホールでも海外オーケストラを招聘する場合などは3年前にスケジュールを押さえる。指定期間が5年間では、3年後の準備に入れるかどうか。

10年間の場合、指定管理者の更新をどうするか？　期間の終わる直前ではなく、少し前に、次の指定管理者を決めることにしたいと考えています。通常の5年間のときは、最後の年（5年目）の秋に次の指定管理者を選考する。継続するか新規になるかを選ぶ。10年間では少し前に決める必要があると考えました。まだ10年間が過ぎていないので、未経験ですが、少し不安もある。早く次の指定管理者の選考に入り、現行の指定管理者が外れることがかなり前に分かった際には「レームダック」を起こす懸念がある。かなり前に「はずされる」ことが分かると、職員はやる気をなくしてしまわないか。最後の1年までインセンティブが働く形にしたいのです

152　第2部　指定管理者の事例分析

が、長所と短所の両面があり、制度設計は実に難しい。しかしメリットとデメリットを十分に勘案しつつ、さじ加減は難しいけれど、巧みに指定管理者制度を運用していく覚悟です。

――横浜市芸術文化振興財団の現状は？

24施設のうち、かつて大半は横浜市芸術文化振興財団が運営していました。2011年開館のサルビアホール（鶴見区民文化センター）、2013年開館のさくらプラザ（戸塚区民文化センター）、2013年開館のみどりアートパーク（緑区民文化センター）の3か所は指定管理者制度導入後に新築されたものですが、この3か所とフィリアホール（青葉区民文化センター）以外の20施設を財団が運営していたのでした。

財団が運営する施設は減ったため、新規職員採用はないと思われがちですが、毎年、退職者があるので、退職者を補充する形での新規採用を続けているようです。財団にもフレッシュな人材が加わっています。

現役の市職員が財団に派遣される事例は、ピーク時には15人ほどいました。しかし現在では事務局長に部長級1人、横浜美術館の経営管理グループ長（課長級）1人の計2人だけです。美術館以外の他の4施設への派遣職員はゼロで、すべて財団職員で賄っています。

――公募要項の概要は？

横浜市では「業務の基準」（他市の場合は仕様書）を定めており、同基準に基づいて、施設ごとに公募要項を作成し、選出を希望する企業等から提案書を提出してもらっています。提案書には、企業等自らで指定管理料の金額を明記する。このため、入札ではなくプロポーザル方式として実施しています。行政は収支を重要視しすぎる……、と批判される場合が多いのですが、行政自体も、文化施設は費用面だけでは考えられない点は自覚しております。そこで指定管理料の多寡を含む収支計画に関する配点は15％から20％程度に抑えています。このため費用面で高い得点を獲得しても、あまり差がつかないのです。むしろ最も配点の大きいのが事業内容です。

事業内容こそ、指定管理者の創意や工夫が一番出る。腕の見せ所ですから。

このように文化施設の指定管理者選定は、金額で大きな差がつかないよう、大きな配点にはしない工夫をしていること、ぜひご理解いただきたい。もちろん事業内容が同じならば、安い方を選ぶことがあります。

どこの自治体でも、公共工事では最低制限価格を設けていますが、指定管理者制度で最低制限価格を決めている自治体は聞いたことがありません。ただし、横浜市では、最低の金額を決めていないものの、最低点を設定しています。指定管理者に選定されるためには、たとえば計200点満点の場合、「60％（120点）以上」を満たすことが条件。いくら得点がトップでもこの最低点を超えないと選出されない。点数の多さが2番であっても、最低点を超えていないと「次点」になれません。選挙と同様、「次点」は1位が辞退した場合に繰り上がって選出されますが、最低点を下回った2位では「次点」になれず、1位に繰り上がれない決まりになっています。

——公募要項にどんな工夫を？

各項目の点数を足して合計点を算出します。合計点がどれほど僅差であっても、1点でも多いところを選びます。募集要項には、僅差の場合どうするか、は書かれていません。ともかく総合点が一番多い1位を選出することにしています。

選考委員は4人か5人です。総合点で競うので、1位をつけたのは委員2人の企業等の合計点が、委員3人が1位に選んだ企業等の合計点を上回る場合もあります。たとえ1位に選んだ委員が多くても、総合点数が低いと選出されない。

地域の文化施設である区民文化センターの選定では、各区が独自に指定管理者の選定委員を選んでいます。市職員は選定委員会に入りません。市職員ではない外部人材を委員に登用しています。行政の主観が入らない、客観的な選定を重視するからです。

2012年に制定された「劇場、音楽堂等の活性化に関する法律」（劇場法）や2017年に改正された「文化芸術基本法」に伴い、これからの文化施設

には実に多様な役割が期待されています。たとえば、地域コミュニティの拠点であったり、松本先生がよくご指摘されている地域ガバナンス（共治）の中心であったり……。横浜市でいえば、まさに各区に設置している区民文化センターの役割は高まるばかりです。

このため募集要項に工夫を凝らしました。たとえば、かなっくホール（神奈川区民文化センター）の場合、2015年5月の公募要項では、団体の状況10点、指定管理業務実施にあたっての基本的な方針20点、職員配置・育成20点、事業計画55点、施設の運営35点、施設の管理30点、収支計画及び指定管理料30点で合計200点と設定されています。

このうち最も配点の高い事業計画55点では、「文化芸術の鑑賞」「創作活動の機会の提供」に加えて、「地域コミュニティの形成」「社会的包摂（ソーシャル・インクルージョン）の推進」「市民協働」「地域人財の育成」「文化的コモンズ形成のけん引」という言葉を盛り込みました。

2015年度以降に公募した各施設には、基本的にこれらの言葉を公募要項に含めています。

——NPO法人が指定管理者に選ばれている事例は？

杉田劇場（磯子区民文化センター）の指定管理者に選定された共同事業体の構成団体に参加している事例だけです。企業だけでなく、特定非営利活動法人や社団法人などの民間非営利団体にも参入をご検討いただきたいと思っています。

私の印象では、NPO法人が横浜市の文化施設で指定管理者に応募するには、難しい面があるのではないかと感じています。市にとって応募していただくのはとてもウエルカムなのですが、横浜市の文化施設は規模が大きすぎるかな……。実際、NPO法人の現状は少人数のところが少なくなく、小規模な運営なのが実情だと思っています。NPO法人が応募するとき、指定管理者の業務に精通した人材を集める必要がある。各施設は午前9時から午後10時まで開館しており、休館日は月に2日程度。一定数の人材を雇用しなくちゃいけない。事業者に外部委託するにしても、何を委

託するのか、しないのか、判断できる専門知識が欠かせません。文化施設の仕事には命の安全にかかわる部分があり、専門性を厳しく問います。ホールならば舞台回り、美術館ならば美術品の安全管理など、危険な業務があるからです。舞台の基本的技術を習得していることが求められ、さらに自主事業、貸し館業務もある。施設を運営するためには一定のノウハウがいる。

——指定管理者制度がうまく進むためには？

なぜ自治体は文化政策と取り組むのか？　文化施設を運営する指定管理者、あるいは芸術家や文化人らが「芸術は素晴らしい」と叫んだり、「この芸術が世界一なのだから招聘するべきだ」と求めたりしても、地方自治の主権者である議会・市民にはなかなか理解してもらえない。自治体財団や公立文化施設には、この点をぜひ理解していただきたい。行政側からみると、文化施設は何を目指しているのか、目指すべきなのか、を財団や指定管理者側に理解してもらいたい。

自治体文化政策には３つの構成者がいると考えています。１つには主権者としての議会・市民です。２つには政策目的を立てる行政、３つには現場を切り盛りする文化施設（指定管理者）。これらの３者が協働して文化政策を進めなくてはなりません。互いに不信感を募らせる「不機嫌な三角形」ではなく、相互に信頼し合える「ご機嫌な三角形」を形成できるかが問われます。

残念ながら、現状では、議会・市民と行政の両者は、とかく指定管理者制度をめぐって対立的になりがちです。議会・市民からは公募導入やコストカットを求められることがある。どうすれば議会・市民と行政の間で共通項を持つことができるのか、模索しなくてはなりません。

一方で、行政と文化施設の両者も、互いに不信感を持ってしまいがちなところがあります。財団や文化施設から「行政は分かっていない」と思われてしまう。ご批判は尊重しますが、対立ばかりしていても仕方がない。もし不信関係が存在するならば、それを変えていく不断の努力が欠かせま

せん。

　こうしたなかで、指定管理者制度には、「不機嫌な三角形」を、「ご機嫌な三角形」にする、大きな役割があると感じています。

　公立文化施設の場合、行政的価値と文化的価値は別々ではなく、重なっている部分がある。民間でも文化的価値を生むことができますね。たとえばライブハウスは民間経営ですが、幾多の音楽家を育ててきました。対して公立文化施設の建設（公共事業という行政的価値）は行政しか実現できない。行政職員の責務には実に重いものがあります。

　この施設の管理と運営をどうするか？　どのような民間と連携できるのか？　常に自問自答しています。施設の目的と法人の特性に応じて最適な指定管理者を選出し、選んだ指定管理者を議会や市民に承認していただく……。こうしたプロセスは議論を深めるチャンスでもあります。指定管理者選定のプロセスを通じて、「不機嫌な三角形」を「ご機嫌な三角形」に変容させる可能性が高まります。

　文化施設の管理と運営をめぐり、だれと、どのようなパートナーシップを組むことができるのか？　これこそが、これからの自治体文化政策を担当する行政職員の果たすべき大きな役割だと受け止めています。指定管理者には自治体財団、NPO法人、社団法人などの非営利団体、民間企業などを選ぶことができる。施設にふさわしい最適な実施者を選択することはきわめて重要な業務なのです。

　主権者である議会・市民、行政、文化施設（指定管理者）の３者が手を携えて、「不機嫌な三角形」を「ご機嫌な三角形」に変えていきたい、と考えています。

（インタビュー：2018年9月9日）

2

世田谷区
総務部長
（2016年4月～2019年3月、
生活文化部長）

田中 文子さん

INTERVIEW

世田谷区では2017年4月に従来の「指定管理者制度運用に係る指針」を改正した。新しい指針で初めて採用したのがモニタリング・評価手法。指定管理者の自己点検や区による評価を経て、外部委員を含む選定委員会で評価結果が適正かどうかの審査を行う。透明性や公平性を高めるため、チェック機能を強めていく。

──どのような公務員生活を？

　大学を卒業後、1983年に世田谷区に採用されました。生まれ育ったのは隣の杉並区和泉です。史学科だったので学芸員資格を取得しております。区では地域福祉畑の仕事が長く、防災も担当した。区では5支所を設けており、その1つの北沢総合支所で地域振興課長を務めたあと本庁に戻り、保健医療担当課長等を経て、基本構想・政策研究担当部長、高齢福祉部長を務め、2016年4月から2019年3月まで生活文化部長に就きました。

──世田谷区の概況は。

　世田谷区の形は、平行四辺形の形をしており、東西約9キロ、南北約8キロ。面積は58.05平方キロです。東京23区の西南端に位置して、多摩川をはさんで神奈川県川崎市と向かい合っています。人口は90万206人、世帯数は47万3,083世帯（2018年1月1日現在）。世田谷区が誕生した1932年（昭和7）の人口は17万3,000人程度でしたが、2017年に90万人を超えました。人口増加は今後も続くとみられ、約10年後には100万人を上回るとされています。

　人口構成のピークは団塊ジュニアといわれる40代なので、この世代が高齢者となる2040～2050年ごろに高齢化が一気に加速すると考えられています。2015年の国勢調査では単独世帯が49.9％を占めており、全国平均（34.5％）よりも高いことも特色の1つです。

——区の外郭団体について。

　区では、図表 1 の通り、11 の外郭団体を設立しており、連携して公共サービスに取り組んできました。設立した理由は、それぞれ時代の社会状況を踏まえながら、新たな政策展開や課題解決には、区が直接事業を実施するよりも、外部組織に委ねた方が効率的・効果的であると判断したためです。外郭団体は、区と連携して行政サービスを補完・支援する役割を担うだけでなく、文化やスポーツの振興、健康増進、市民活動支援、高齢者や障がい者を雇用した公共施設の維持管理など、実に多様な分野で専門性を高め、ノウハウの蓄積に努めながら区民サービスを拡充する役割を果たしています。

　指定管理者制度の導入など公共サービスにおける民間委託化の範囲拡大や、公益法人制度改革関連 3 法の施行など、外郭団体を取り巻く社会状況は大きく変化してきました。

図表 1　世田谷区の外郭団体

名称	形態	固有常勤職員数	設立年
せたがや文化財団	公益財団法人	36 人	2003 年
世田谷区産業振興公社	公益財団法人	6 人	2006 年
世田谷区保健センター	公益財団法人	79 人	1976 年
世田谷トラストまちづくり	一般財団法人	19 人	2006 年
世田谷区スポーツ振興財団	公益財団法人	25 人	1999 年
世田谷区社会福祉事業団	社会福祉法人	232 人	1994 年
世田谷区社会福祉協議会	社会福祉法人	75 人	1986 年
世田谷区シルバー人材センター	公益財団法人	14 人	1980 年
世田谷サービス公社	株式会社	42 人	1985 年
世田谷川場ふるさと公社	株式会社	33 人	1986 年
多摩川緑地広場管理公社	任意団体		1978 年

出典：田中文子「文化芸術振興における世田谷区とせたがや文化財団との連携」日本都市センター編『都市自治体の文化芸術ガバナンスと公民連携』(2018) 143 頁をもとに筆者作成　(固有常勤職員数は 2017 年 3 月 31 日現在)

——区の生活文化部ではどのような指定管理者を？

　生活文化部は区民生活行政と文化行政を所管しており、現在は7つの施設に指定管理者制度を導入しています。文化面では、世田谷美術館（砧公園）や分館、世田谷文学館（南烏山）、文化生活情報センター（太子堂）という3つの文化施設に、せたがや文化財団を選んでいます。

　区民生活施設では合わせて4か所を設置しており、うち高齢者施設が3か所あります。ひだまり友遊会館（若林）、老人休養ホームふじみ荘（上用賀）、せたがや がやがや館（池尻）で、それぞれに民間企業を指定管理者に選定しました。さらに群馬県川場村に設けた世田谷区民健康村では、世田谷区と川場村が出資して設立した株式会社世田谷川場ふるさと公社を、指定管理者に選びました。私自身も同公社の取締役の1人です。ここは、区内の小学校5年生全員が2泊3日の泊まりがけで学習に行ったり、区民のみなさんが宿泊されたりする健康施設です。区と川場村は縁組協定を結んでおります。

　取締役会が年に5〜6回開かれますので、部長に就任以来、私も出席して経営に関わってきましたが、施設の運営が実に難しいことを痛感しました。というのは、世田谷川場ふるさと公社では、道の駅のレストランも経営しています。2017年10月は紅葉シーズンで稼ぎ時なのに、週末はほとんど雨に見舞われてしまった。観光客の足が伸びず、レストランの収入は大幅に減少した次第です。「観光業は天候に左右される」ことを学びました。施設を運営することは、リスクを持ちながら仕事をしているのだ、と改めて気づかされました。実にいい経験を積むことができました。

——せたがや文化財団について。

　実は2つの組織を解消し、1つに合併して2003年に設立されました。2つとは、1985年に設立された世田谷区美術振興財団と1996年設立の世田谷区コミュニティ振興交流財団です。

　美術振興財団は世田谷美術館とその分館である向井潤吉アトリエ館等、世田谷文学館を管理運営し、コミュニティ振興交流財団では三軒茶屋の再

160　第2部　指定管理者の事例分析

開発ビル・キャロットタワー内に設けた文化生活情報センター（生活工房、世田谷パブリックシアターなど）を管理運営してきました。

　合併して新たに、せたがや文化財団が発足した理由は、区民の間で盛んになる文化芸術活動と自主的な活動を支援することと、両財団を一体運用することによる相乗効果やスケールメリットを得るためです。2011年には公益財団法人として新たなスタートを切り、生活デザイン、舞台、音楽、美術、文学の5部門で総合的な活動を展開しています。

　財団の固有職員は2018年7月現在で55人。このほか区のOB職員4人が勤務しています。また区職員8人が財団に派遣されており、法人本部に2人、文化生活情報センターに2人、美術館に3人、文学館に1人、それぞれ勤務しています。

　1つの組織にまとめて効率的になったことは事実です。たとえば、区では若手アーティストを表彰するアワードを設けてきましたが、音楽、演劇、美術で別々に表彰していたところ、財団の合併に伴い3部門の表彰を一緒にできるようになった。あるいは、美術館で特別展を開催する場合があれば、文学館から、その画家に関するエッセイなどの資料をさっと持ってきて展示できる。互いの意思疎通を図っています。

　財団は、縁組協定先の群馬県川場村にも出向き、出張授業やワークショップ等の活動を展開しています。

——文化財団は非公募で指定管理者に選ばれていますね？

　せたがや文化財団の場合、1期目は指定管理者制度を非公募で導入した2006〜2008年度（3年間）、2期目は2009〜2011年度（3年間）、3期目が2012〜2016年度（5年間）、2017〜現在（5年間）。2017年度の更新の際では、すでに10年間にわたる実績や運営ノウハウの蓄積があるので、特段の議論はなく契約が継続されました。

　区は、これら文化施設3つについて、いずれも非公募で指定管理者に選定しています。非公募とする根拠は区の「指定管理者制度運用に係る指針」です。指針は2017年4月に改正されていますので、現指定期間の

第6章　関係者に聞く指定管理者制度の最前線　161

指定時とは少し異なります。現在の指針によると、「原則公募」とするが、「特別の理由」により、公募によらず選定できることが示され、公募しない「特別の理由」として5点が挙げられています。1つには指定管理者の変更により利用者に混乱が生じる場合。2つに区民や団体との協働を推進し施設の設置目的を達成するために、地域の連携や地域の活力を積極的に活用する必要がある場合。3つには区の政策と連動した重要な役割や専門性等から指定管理者が客観的に特定される場合。4つには施設のあり方の見直しや改修等が予定されている場合。指定期間が短いと業務継続が難しいためです。5つにはその他、公募によらない合理的理由がある場合……となっています。

世田谷区の場合、公募であれ、非公募の外郭団体であれ、現在の指定管理の期間を、いずれも「5年間を基本」と定めています。

せたがや文化財団の場合、これまでの施設運営の実績に加えて、地域との関係ができている点を評価しています。たとえば、せたがやパブリックシアターなら友の会との連携が実現しているし、世田谷美術館の場合はボランティアと密接な関係にあり、協力体制を築いてきました。すでに財団と区民らの間では人脈が構築されてきています。

──文化財団に関する懸案は?

私のような役人は3〜4年のローテーションで持ち場を異動します。対して財団の職員たちはずっと同じ仕事をするので、専門性をきわめることができる。何より最大のメリットは「好きなことを仕事にしている人にやってもらえる」ということ。ただし、好きなことを仕事にしている分、やや全体が見えないところも出てくる。

現時点では解決しましたが、2015年度に懸案が生じました。財団が労基署から行政指導等を受けたのです。世田谷パブリックシアター職員の契約形態と労働時間管理が問題になった。演劇という仕事上、どうしても深夜の仕事になってしまう。不規則なシフトを組んで対応していたようですが、それでも十分にカバーしきれなかった。「好きだからやっている」う

え、ルールにちゃんと乗せることが難しい仕事なのだけれど、自治体の外郭団体という公的な機関なので、労基署からも社会からも厳しく見られている。

　労基署からの行政指導は、私が生活文化部長に赴任する前年度のことでした。対策は部長に就いた2016年度の大きな懸案の1つでした。「何とか改善しろ」ということでした。文化財団の基本財産は100％、区が出資しており、区にも労務管理の責任がある。さらには2012年に労働契約法の改正が行われたこともあり、労基署の行政指導と同法改正への対応も併せて論議することになりました。

　対策を講じるために財団のなかに文化財団改革委員会（5人）が立ち上がり、私自身も委員の1人になった。委員長は中央大学大学院教授が就任され、他の委員3人には弁護士、社会保険労務士、類似の公立文化施設である劇場の事業部長にお願いしました。いろいろと真摯に話し合いました。

　職員たちは心から演劇公演をやりたくて働いている。好きなだけに全体が見えなくなることがある、しかし仕事の総量が管理できていなかった……。検討した結果、委員会の提案は、持続可能な劇場経営に向けた仕事量の適正化です。主催公演、提携公演、貸し館公演のバランスをとるよう求めました。最終的には、財団理事長自ら、以前から上演が内定していた公演1本を切ったのでした。

　労基署の行政指導だけでなく、労働契約法の改正が行われたこともあり、文化財団職員の働き方を考える、いい機会になりました。個人業務のあり方、有期雇用のあり方なども協議しました。同委員会の提言を受け入れて、財団は人材活用計画を立てました。業務が円滑に進むよう、業務量の適正化と職員の定数管理に取り組むとしたこと。また、人材育成によるスキルアップとその技術を伝えていくという面から、人事考課制度の検証、キャリアパスの見える化、総合職員のジョブローテーションの実施等にも取り組んだこと。さらに、劇場経営に関する基本方針もまとめました。10年先、20年先にも先進的、先駆的な劇場としてあり続けられるよう、とくに業務分析や労務管理といった経営面の課題に着目したものです。主催、

第6章　関係者に聞く指定管理者制度の最前線　　163

提携、貸し館公演の割合などもこのなかで定めました。

——自治体文化行政の難しさは？

　2018年度予算で言うと、区が文化財団に支出する補助金は12億2,800万円、これには派遣職員の給与、自主事業、および自主同事業に関する人件費も含まれています。

　内訳は、人件費6億2,200万円。事業費として本部の経費が8,000万円。そして世田谷文化情報センターに3億6,600万円で、世田谷美術館に1億1,100万円、世田谷文学館に5,000万円、をそれぞれ補助しました。

　対して指定管理料は、文化情報センター、美術館、文学館の3施設合わせて4億8,100万円です。

　自治体文化行政の難しさは、これほどの投資をして、文化的な恩恵をこうむるのは区民だけにとどまらないという点にあります。区外から観客や聴衆が訪れる。

　文化行政は区民だけのサービスに限らないのです。とくに東京では広域的に観客や聴衆が移動する。なかでも世田谷パブリックシアターで上演される演劇等には高い水準の公演があり、首都圏全体から観劇にお越しになる。一方で、世田谷区民も、赤坂のサントリー美術館まで、電車と地下鉄に乗れば30分で行けてしまう。上野の美術館も1時間で到着する。

　その点が、同じ生活文化部が所管するといえども、区民のお年寄りの方々がゆっくりできる高齢者施設とは趣旨が異なります。求めるものが違う。その点が実に難しい。

　区が文化行政を進める根拠としては、1つに区内に文化施設があれば、区の子どもたちが美術館や劇場を訪れやすいなど、自宅近くに文化施設があることの大切さを強調したい。2つには、世田谷区の「都市ブランドアップ」を位置づけています。世田谷区の価値を高める。たとえば2020年の東京オリンピック・パラリンピックの際、世田谷区は米国の事前キャンプ地となります。文化施設を運営する文化財団には質の高い文化プログラムを実施するようお願いしています。財団には区から多額の資金が入って

いるので、同プログラムには３つの文化施設が中心となって、民間の文化施設と協働して実施してもらいたい。文化行政を進める意義の１つに、「都市のブランドアップ」を位置づけている。世田谷パブリックシアターがあることが世田谷のブランドを高めてくれます。

──指定管理者へのチェックをどうするか？

区では、2004年度に「指定管理者制度導入に係る指針」を策定し、翌2005年度から同制度の導入を進めました。2009年12月には「指定管理者制度運用に係る指針」として適正な運営に努めてきたところですが、制度導入から10年が経過して、選定に関する透明性や公平性を高めるため、2017年４月に同指針を改正しました。

新しい指針で、初めて採用したのが、モニタリング・評価手法。新設したこの手法を説明すると、１つには「自己評価シート」が挙げられます。１年ごとに施設管理を所管する部署で作成した自己評価シートに沿って、各指定管理者は、その項目ごとに設定された基準を達成しているかについて適時自己点検を行う。年度末を基準日にシートを作成する。２つには区が行う「評価シート」。これは、指定管理者から出された自己評価シートや事業報告書により、年度ごとに評価を実施して「評価シート」を作成する。

さらに３つには選定委員会の審査です。外部委員を含めた選定委員会において、指定期間の５年間を通じて、１度、指定管理者、区によるモニタリング・評価結果が適正であるかの審査を実施する。この評価を受けた指定管理者が、次期の選定の際に審査対象となる場合には、当該評価の結果を、加点・減点評価して選定審査に反映できることになりました。すなわち、現在の指定管理者が次も継続を希望するとき、年１回のモニタリングの評価が加減点されて、審査を左右する訳です。これは外郭団体である文化財団等にも適用されます。

これまでも指定管理者を選定する際には、選考する委員会に外部委員も入れて慎重にチェックしてきたのですが、選定後は、指定管理期間の５年

間は指定管理者の運営に委ねる形でした。これからはチェック機能を一層強めます。

　区議会からは、公募の際、企業等から出される提案書を公開していないのはどうなのか、との問題提起をいただいています。世田谷区では、提案書を非公開としています。理由は、企業等が練りに練って考えた提案書なので、外部に見せることは差し控えてほしいという要望があるからです。企業秘密であると……。議会からは、提案書の非公開はブラックボックスなのではないか、指定管理者選定委員会の会議録や採点結果などの結論だけでは判断がつかない、とのご指摘を頂戴しています。しかし企業秘密なので公開を控えてきました。

　そこで2017年度から、年に1度モニタリングすることで、毎年チェックすることになりました。もちろん、これまでも毎年、施設管理を所管する部署で検証を行い、指導を行ってきたのですが、年1度のモニタリング・評価を新設してチェック機能を強めた次第です。

──文化財団の将来像をどう考えるか？

　外郭団体について、行政から独立した「完全な民間」というには無理があると思います。財団の基本財産は行政から出資されていますし、巨額の工事費を投入した建物を用いている。設備維持や改修工事の費用も行政が支出する。通常、建物は建設後20年を迎えると大規模な改修工事が必要となりますが、財団は改修や修繕のための基金を貯めていません。要は行政と財団の役割分担をきちんとすることだと考えています。

　私たちは役人ですので、公に共通するルールを有する。区民生活全般に共通する、あるべき下地を持っている。しかし、特別の領域で何とかしようと思えば、専門家集団がどうしても必要になってきます。外注して役割分担しなくてはなりません。

　実際、区立図書館1館で、2017年度に、従来の直営から指定管理者制度を導入しました。図書館業務に精通した専門会社が指定管理者に選ばれた。区営住宅についても、これまでは区の外郭団体（世田谷トラストまちづく

り）が指定管理者だったのですが、2017年度から民間企業が選定された。このような民間へのアウトソーシングもあります。

区立の文化施設3か所は文化財団を非公募で審査しているものの、もし選定審査で駄目だったら、改めて公募することになります。そんなケースはこれまでありませんでしたが……。文化財団は懸命の努力を重ねています。たとえば世田谷美術館では館内のレストランで結婚式を行っています。レストランは展覧会場とは廊下を隔てており、別の入り口があるので外部からも入れます。「レストラン・ウエディング」とPRして人気を集めている。意欲のある学芸部長がいます。

2018年1月20日からは、東急バスの「せたがや3館めぐるーぷ」が走り始めました。区立である世田谷美術館（砧公園）、東急系の五島美術館（上野毛）、岩崎家ゆかりの静嘉堂文庫美術館（岡本）の3館をめぐるバス路線です。これら3か所はそれぞれ貴重なコレクションを有しており、魅力たっぷりの美術館です。しかし巡回バス路線がなかった。そこで各館の学芸員同士が連携して東急バスに働きかけ、実現しました。民間会社ですから、儲からないとバス運行をやめちゃうので、ここは何とか応援したい。

巡回バスの実現は、学芸員同士が日ごろから連携を強めてきたことの成果です。専門家同士だからこそ連携ができる。人脈があるわけです。対して持ち場の異動を繰り返している区職員では到底無理な取り組みでした。美術館が区直営だったらバス路線の新設は難しかったと受け止めています。

役人は、人件費や場所代が「ただ」と思ってしまうところがある（苦笑）。事業をする場合でも区主催ならば区民会館を無料で借りられますから。しかし冒頭に触れたように、私自身、世田谷川場ふるさと公社という外郭団体の取締役に就任して、とても勉強になっています。外郭団体の経営に携わるようになって、役人はまだコスト意識が低いと痛感しました。

文化財団には、これから外国籍の区民に対する事業にも取り組んでほしい。東急の二子玉川駅近くに楽天の本社が移ってきました。楽天には外国籍の社員が多数勤務されている。現在の区の人口91万人のうち外国籍の区民は2万1,000人。全体の2.3％にとどまっています。しかし今後は外

国籍の区民が次第に増えていくでしょうから、外国籍区民に対する丁寧な文化事業の実施は文化財団の役割の1つに浮上してきます。そして外国籍の人々が世田谷区を訪れやすくする取り組みのための区民のネットワークづくりも望まれています。

（インタビュー：2018 年 9 月 10 日）

3

**かすがい市民文化財団
チーフマネジャー**

米本 一成さん

INTERVIEW

文化施設の仕事は、社会的に意義があり、やりがいを強く感じる。しかし、予算が過度に縮減され、雇用環境が悪化し、離職者が増えて、負のスパイラルに陥っている……。今の公立文化施設の現場は、職員たちの犠牲の上に成り立っている面がある。現状のままでは継続性がないと心配になる。

──かすがい市民文化財団の概要は？

　愛知県春日井市は名古屋市の北東に位置する郊外都市で、人口は 31 万人。市が 100％出資して、2000 年に、かすがい市民文化財団が設立されました。当財団は、1966 年に開館した市民会館（1022 席）と、1999 年に開館した文化フォーラム春日井（図書館と文芸館）のうちの文芸館の指定管理者に選ばれてきました。両施設とも非公募の随意契約で選定されてきました（図書館は市直営）。

　財団発足当初は正規職員全員が市からの派遣職員だったものの、指定管理者制度の導入に合わせる形で、2005 年 4 月に財団プロパー職員 7 人を採用して以降、市職員の派遣期間（3 年）が終わって市に引き上げるごとに、プロパー職員の採用を行ってきました。現在の人員は、2018 年 4 月 1 日現在 36 人です。このうち 3 分の 2 に当たる 22 人が無期雇用の正規職

員です。12人が1年契約の臨時職員。そして市の再任用職員（OB）（事務局長兼常務理事）が1人、市からの派遣職員（次長、館長職）が1人、という構成になっています。

事務局長→次長→チーフマネジャー（市の課長補佐級）のラインがあり、このもとに事業推進、施設サービス、広報コミュニケーション、総務という4つのグループを設け、それぞれに現場の責任者であるマネジャー（市の係長級）を配置しています。事業推進にはプロデューサーを、施設サービスには技術長という専門職（いずれも係長級）を置き、専門性を高めています。毎週、マネジャー会議を開き、現場の問題を検討します。フラットな組織運営を心がけてきました。芸術監督は設けていません。正規職員の平均年齢は34歳。年長者で52歳。まだ若い組織ですね。

──各地の自治体文化財団で非正規雇用が増えていると聞くなか、3分の2の職員が正規雇用という財団は珍しいのでは？

地方自治法の改正（2003年）を受けた翌2004年度、市人事課と財団の間で職員配置計画を策定しました。異動を繰り返す市職員では安定した運営に支障があると懸念して、3年有期雇用の専門職を採用する方針が決まりました。当時、春日井市の幹部に国の官僚が派遣されており、この方が同計画を主導されたと聞いています。

今になって思うと、この決定が実に大きかった。大きな人事方針が固まった。このため翌2005年4月に正規雇用の1期生7人を採用したのです。その後、2012年に労働契約法の改正が行われ、5年を超えて勤めると無期雇用に転換できると決められたので、正規職員の無期雇用化を検討。すべての正規職員（当時18人）と無期雇用契約を交わしました。

2018年4月1日付けで美術担当職1人、広報担当職1人を正規採用しました。美術担当職は文化フォーラム春日井の一角に美術展を開催できるギャラリーが設けられており、年3本程度の自主事業、さらには市民美術展や書道展の運営に携わります。美術館ほどの温湿度管理はできないことから、コレクションは持たず、展覧会は企画展に限られるので、学芸員の

ような専門職ではありませんが、美術の仕事はできます。公募した2017年秋、美術担当職に42人の応募がありました。北海道から宮崎県まで全国各地から書類が寄せられました。広報担当職も含めた応募者51人のうち、半数の25人は20代の女性で占められていました。

理由を考えてみると、2012年の労働契約法改正があるようです。ご承知の通り、1年更新の雇用が5年を超えると無期雇用に転換できるという内容でした。公立の美術館で働いていた非常勤学芸員が5年を前に退職を迫られたので、当財団による美術担当職の公募に集まったようです。それぐらい公立文化施設は1年更新の非正規雇用が多いとみられます。

──市と財団の関係は？

きわめて良好で、信頼関係を構築できています。理由があります。2002年に市文化振興基本条例を制定した際、第6条で財団の責務が明文化されました。「財団は、優れた芸術文化の鑑賞機会を提供するとともに、市民の文化活動を支援することにより、個性豊かな市民文化の創造及び発展に努めるものとする」と書かれています。このように、市と財団が車の両輪になって文化政策を行うという方針が定まっている次第です。

市の条例からみて、当財団は官側の立ち位置にいる。他市から視察でお越しになると、この条例は珍しいとよく言われます。当財団は市にとって「財団課」という1つの部署のようであり、おかげで安定した財団運営ができています。

たとえば指定管理者制度導入にあたっては「上下分離」式が採用されました。施設管理（ハード）と人件費・自主事業費（ソフト）を分けて考えるもので、指定管理料（年間1億2,000万円程度）には人件費や事業費は含まれていません。1億5,000万円余りの人件費や3,600万円の自主事業費を含めた1億9,000万円を市から運営補助金として受け取っています。また市民美術展、書道展、短詩型文学祭の事務局を引き受けています。

年間収入の全体は3億6,000万円。市から同管理料や補助金など総額3億円が支出され、財団は事業で自ら6,000万円を稼いでいます。全国で

も異例の仕組みであるのは、補助金や指定管理料が余れば市に全額返還する制度を採用している点です。懸命にチケットを売ったり、助成金の申請書を書いて外部資金を獲得できたりした場合、当初予算のうち使わなかった金額を市に戻すことになっています。2017年度は年間2,400万円に達しました。当初予算を組むとき、チケットが売れるかどうか、助成金が取れるかどうか分からない段階なので、手元に資金がほしい。助成金等を取れない場合に備えて、市に事業費を予算要求しておく。しかし外部資金を獲得できたら市に返還するという次第です。市側には「余ったら返してもらえる」との信頼感があるので、毎年、財団の予算要求はほぼ認められてきました。原資がないと事業計画も立てられず、収入増のチャンスを逃がしてしまうことを理解していただいている。

　全国的にも珍しい仕組みです。他市の場合、予算を余らせると、財政担当部署から「いらなかった」という扱いを受け、翌年度は事業費予算を減らされてしまうこともあるようです。

　このように春日井市では、市は政策を立案し、財団が実践を引き受けることができている。車の両輪として機能している。我々財団職員は「運営のプロ」としての誇りを持っています。

──財団は指定管理者制度をどう捉えているか。

　指定管理者制度導入の利点は、「今の仕事を失うかもしれない」と職員が感じて、日々、危機感を持ちながら仕事に臨むことができること。公立文化施設で仕事をしていても決して安定しているわけではない。「5年後は仕事がないかもしれない」「安泰じゃない」と危惧し、だからこそ、改善に努めながら日々の仕事に励んでいます。

　かすがい市民文化財団では、総収入のうち、指定管理料が占める割合はそれほど高くないので、指定管理者でなくなっても、生き残れる可能性があると考えています。

　当財団の強みの1つには、市から事業の運営を委託されているところ。市民美術展、書道展、短詩型文学祭の事務局を引き受け、市側から800

万円の委託費をいただいている。市側にとっては事務局を辞められたら困ります。財団にとっても、地元の文化人約200人と一緒に仕事をするので、人脈を構築でき、ノウハウを習得できます。文化人の方々と運営側の間の意思疎通は欠かせない。こうした委託事業の収入は年間800万円と決して高額ではないものの、事業を安定的に運営して文化人らの信頼を得ることは、市から市民会館等の指定管理業務を継続的に任せてもらうための「武器」と位置づけ、意気込んで委託事業に取り組んでいます。

　ビル管理会社や音響照明会社ならば、ホールの運営はできるかもしれない。実際、本業とは別に文化事業を行う会社はたくさんある。でも急に民間事業者が指定管理者に選ばれても、こうした地元密着の文化事業に関する事務局業務を受託することはきわめて難しい。一朝一夕ではかなえられない業務なのです。

　財団の業務内容としては、自主事業が40％、指定管理業務が35％、委託事業が25％というのが実感です。指定管理だけが業務のすべてではありません。自主事業の自主財源比率を積算したところ、舞台芸術だけでみると2017年度で94.3％でした。ほぼ入場料収入で事業を賄えています。採算性の低い事業も含まれる美術や文学を含めた全体でみても73.9％に達しており、市の補助金に頼ってばかりではありません。

──もし公募になったら？

　指定管理者制度が随意契約でなくなり、公募になったとしても、負けない強い組織をつくりたい。そう願っています。無駄を削り続ける努力は必要ですが、収支面だけ比べると民間事業者にかなわないので、自分たちなりの強みを生かしたい。強みの1つには、先に述べたように地元の文化人・芸術家とともに歩むこと。2つには「外郭団体」から「パートナー」になること。3つには専門家集団として市の事業を実践すること。そこで市から寄せられる多様な相談には、文化芸術と関係なくても、快く応じることにしています。たとえば、市広報誌の審査員を務めたり、チラシ作成のアドバイスをしたり、商店街活性化や駅前開発に協力したり……。市と

市民に頼られる存在になりたいと日々努力しています。

　公募になると、財団は当然、指定管理者を取ろうとします。優れた提案書をつくるためにその分仕事量が増える。文化事業を企画・運営しながら、過度な提案作業を迫られてしまう。負けないための準備が膨大になってくる。随意契約させていただいている分、充実した文化事業の企画や運営に専念できます。

　短期的な結果を出せといわれると、職員採用にも影響が出てくるでしょう。他のホールから即戦力を採用することになってしまいます。しかし当財団は人材をしっかりと育てたいと考えており、大学の新卒者を積極的に採用しています。たとえば2015年度の新規採用5人のうち2人、2017年度の新規採用3人のうち2人は、それぞれ大学を卒業したばかりの新人でした。短期的な人事採用になると、長期的に人材を育て10年後を見据えた人事を行えなくなる。即戦力ばかり探すと、ホールの間で人材が行き来するだけで、若い人を育てられなくなる。丁寧に人材を育ててきた当財団の気風を守っていきたい。

──指定管理者制度の弊害は？

　本当に努力している公立文化施設は愛知県内でも多いですが、指定管理者の期間が切れる際、市当局から指定管理料を縮減される事例が目につきます。春日井の場合、予算が未消化でも、翌年減らされることはありません。市側も、財団の日々の頑張りを認めてくださっているためです。しかし自治体によっては、経費を減らされながらも、その年に頑張ると、翌年はさらに予算を減額されてしまう。予算が減った場合、事業費は削りにくいので、結局、人件費を削減することになる。たとえばアルバイト1人の雇用をやめる。その結果、アルバイトの事務作業量は正規職員が担当することになって、さらに忙しくなる。困っている他のホールの話を聞くと涙が出そうになる。

　ある会館の職員募集を見たところ、基本給のなかに「残業70時間込み」と掲載されていました。堂々とそのような求人募集を書いてあることに驚

いた。残業なしの基本給が明記されていないので、基本給自体の実態は分かりませんが、最低賃金を下回っていないのか心配になります。

　愛知県公立文化施設協議会は、公立文化施設の新人職員を対象にセミナーを開いており、私も講師を務めています。セミナーを始めた理由は、市職員が急に異動になって文化会館等に赴任した場合、指導してくれる先輩職員の不在という悩みがあったからでした。発足当初、受講者の顔ぶれは、自治体直営館と財団運営館の職員がそれぞれ半数という状態でした。

　指定管理者制度が導入されて10年余りを経て、受講者の顔ぶれの変容が目立ちます。自治体直営館の職員はぐっと減りました。全体の20％程度ですね。自治体文化財団職員は45％。対して近年増えてきたのは、民間事業者が指定管理者に選定された施設の職員で、これが全体の35％を占めるようになりました。私のような自治体財団職員で構成する講師陣は、ライバルにも経験を伝えているわけで、すごい時代になってきました（苦笑）。当初、私は「財団がどう運営されているのか、偵察のために参加しているのかもしれない」と思っていたものの、そうではなくて、本当に日常の業務に困って参加する受講生が多いことが次第に分かってきました。たとえば本社から「保守点検をやりなさい」と言われても、「保守点検の点検箇所や点検方法、頻度など、やり方が分からず、一人で困っている」と講師に相談する受講者もいます。採用されたばかりの若い職員でも「館長代理」の名刺を持っています。事情を聞いてみると、常駐者は館長と若手職員だけなので、館長が休む際は代理を務めるのだといいます。セミナーに参加する受講者の顔ぶれが変わっても、昔も今も、現場の職員が困っている状況は変わらないと感じています。

　セミナーでは「自主事業の企画と予算の組み立て方」に関して、小グループに分かれて論議してもらっています。講師から「なぜ自主事業をするのか、みんなで考えよう」とお題を出すと、かつては多くの受講者が「市民のために」「鑑賞の機会を提供するため」「施設のミッションに沿うため」などと語るものでした。経験のある受講者ならば「施設の多様な使い方を示して、貸し館の参考になるよう自主事業を行う」との発言もありま

した。

　ところが２年前ぐらいから、驚くような発言を聞くようになりました。「自主事業の実施が指定管理業務の中に入っているので」、あるいは「市の仕様書のなかに盛り込まれているので」と、何の揺るぎもなく言う。仕方なく実施しているのかなと感じた。職場には、自主事業のやりがいを語る上司や先輩が少ないのだろうと思われます。このためグループワークの際に、あまりに立場が異なる受講生が混在してしまい、話をまとめることが難しいときもあります。

　指定管理者制度の導入後、民間参入が刺激となって、全体的には公立文化施設の接遇レベルが上がり、サービスも充実し、経費も削減されてきた。しかし、自治体からの要求に応え、ライバルとの提案合戦に勝ち続けるために、自治体財団も民間企業も無理を重ね、そのしわ寄せが現場の職員に集中し、疲弊してしまっている。本部でつくる提案書がどんなに優れているとしても、現場には十分に浸透していないのではないかと疑問に思います。

　文化施設の現場で働いていると「あなたたちはとても素敵な仕事をやっている。従事できるだけでも幸いではないか」と思われがちであると痛感します。実際、やりがいを強く感じる仕事です。市民の方から「ありがとう」とこんなに言っていただける市の仕事は少ないのではないかと思います。しかし、社会的に意義のある仕事ならば、仕事に見合った対価を受けなくてもいいのか……と疑問に感じます。実際、ホールの多くの現場では経費が過度に縮減され、職員の人件費が削られ、雇用環境が悪化し、離職率が高まり、就職希望者も減り、ますます現場の職員に負荷がかかり、負のスパイラルに陥っている。今の公立文化施設の現場は職員たちの犠牲の上に成り立っている面がある。「やりがいの搾取」なのかもしれません。現状のままでは継続性がないと心配になります。

4

INTERVIEW

一般社団法人
指定管理者協会
事務局長

薬師寺 智之さん

指定管理者制度は、地域の政策課題を解決するツールの1つになり得る方法、あるいは手段だと考えて、日々の仕事に励んでいる。
だからこそ、指定管理者を選考する自治体の意識と姿勢が大切。

――事務局長を務める指定管理者協会とはどんな組織ですか？

　指定管理者に選定されている、あるいは関連する業務に関わっている団体が集まり、2009年に任意団体として発足しました。2011年には法人格を取得して一般社団法人になりました。2018年4月現在、正会員30団体、準会員3団体、賛助会員18団体、合わせて51団体が参加しています。指定管理者制度に関して「住民等を含めた関係者間の対話を通じた相互理解及び情報共有を深め、もって我が国における公共サービスの発展に寄与すること」を目的に掲げています。東京都目黒区に事務所を構え、セミナー、共通CS（顧客満足）モニタリングツールの提供、公共施設マネジャー能力認定講習会などの活動を行っています。毎年、指定管理者制度のあるべき姿を民間事業者の視点から考察する分科会を開催し、提言として発表してきました。2016（平成28）年度の提言は「熊本地震をふまえた公の施設の管理のあり方と行政との役割分担について」、2017（平成29）年度の提言は「指定管理者制度に関する自治体ガイドラインの現状」でした。2018年3月から事務局長に就任しました。

　指定管理者協会は2018年に設立10周年を迎えました。同年10月22日には、千代田区立の日比谷図書文化館で、10周年記念事業を開催しました。当日は、総務省自治行政局行政経営支援室長の基調講演、同協会による2018（平成30）年度提言「指定管理者制度に関する自治体ガイドラインにみる『自主事業』と『目的外使用』の現状と考察」の報告などを行いました。

176　第2部　指定管理者の事例分析

指定管理業務においては「自主事業」という言葉がさまざまな使われ方をしており、このことが指定管理者制度における〈誤解〉を招いている部分もあると考えています。また、公の施設における「目的外使用」の用語や定義について整理しました。

——自身の経歴は？

　現在も勤務する会社（アクティオ株式会社）で、大学生時代からアルバイトを経験しました。イベント会場などで運営にかかわる仕事を重ね、荷物運びからテントを立ち上げることまで、何でもしていました。その姿を見た上司から「入社しないか」と声をかけていただきました。

　アクティオ（株）は1987年の設立で、博覧会・パビリオンの運営、イベントの企画・運営、施設の運営業務（業務委託）を経て、地方自治法の改正に伴い、指定管理者制度に基づく公の施設の管理運営を業務としてきました。東日本グループ長、東日本営業部東京営業1課長、西日本営業部名古屋営業所長を経験して、現在は東日本営業部課長を務めております。

——指定管理者制度が本格導入され10年余を経た変容は？

　自治体にとって、指定管理者制度は「コストカット」の要素が強くなっていると思います。「バリュー・フォー・マネー」（VFM）ではなく、指定管理料の削減、自治体負担の軽減ばかりが目立ちます。指定管理者制度の本来目的は「よりよい市民サービスを提供する」ことにあるのに、安価な提案をする事業者を選ぼうとする。本来の趣旨は「コストカット」ではないはずなのに。

　勤務している会社の場合、「コストカット」を重視する自治体や施設への応募は、候補案件として選ばないし、むしろ収支採算が合わないので応募そのものができません。こういう自治体は採算が合わないことから、次第に指定管理者の成り手が現れなくなってしまうのではないでしょうか。サービス品質を落として管理運営されている施設は決して少なくないと感じます。指定管理者制度が適正に運用されていない施設では、担い手であ

第6章　関係者に聞く指定管理者制度の最前線　　177

る職員の方々が相当疲弊しているところもあるようです。

　文教施設には指定管理者制度が向かない……という論議がありますが、その点については反論したい。文教施設の担い手が公務員なら、その文教施設は進化あるいは発展するのでしょうか？　指定管理者制度がなじまないのか、担い手がふさわしくないのか、その点をきちんと整理したい。公務員も民間企業の社員も、立場こそ違いはありますが、いずれも施設の進化や発展を考え、運営しているはずです。同じ人間が行うサービスなのに、公務員や民間人の違いで、何が変わるのでしょうか？

　指定管理者制度が導入された直後の公務員は、同制度の本来目的を強く意識していたと振り返っています。10年余りを経て、同制度の公募選定を「仕事のルーティンワーク」として行っている自治体や施設があります。これは「実に危ないぞ」と思います。発注者（自治体側）が施設をどうあるべきか、市民サービスをどのようにしていくか、を語れなくなってしまっています。

　コミュニティ施設であれ、スポーツ施設であれ、文化施設であれ、公務員の仕事はビジョン、すなわち未来のあるべき姿を策定することだと思うのです。ビジョンをもとにして、施設の管理運営をより効果的に実施すること、最適な担い手を選ぶこと、が指定管理者制度の狙いでした。しかし、自治体がビジョンを示さない場合、その業務を行う指定管理者側は何を成し遂げていくべきかが不明瞭になり、困ってしまいます。一部の施設では、指定管理者側がビジョンまでつくっているところもあります。ビジョンを策定し、施設の管理運営はこうしていくとして事業提案書を書いています。意識の高い指定管理者はここまで考えているのです。

　ビジョンが明確になっている自治体の場合、提案書の冒頭で、そのビジョンに対し、我々事業者は「こういうふうにしたい」と提案することができます。逆に自治体や施設のビジョンが見当たらないときには、事業者側が提案書に「こういうビジョンが必要であり、わが社はこういう運営や事業をします」と書き込みます。しかし、このような提案は無駄になってしまう恐れがあります。自治体がどんなビジョンを求めているのか、分から

ないまま、応募者がビジョンを描くのですから、その提案が的を射ているのか、そうではないのか、が分かりません。大変戸惑います。

―― 自治体職員の印象は？

　指定管理者制度に詳しくない方が増えたように感じます。同制度が導入された直後は、公務員も、民間事業者も、懸命に勉強していましたし、そのような機会も多くありました。民間側は過去10年余り、指定管理者として業務を行い、努力、経験を重ねてきたのに対し、行政側は定期的な人事異動があるので、指定管理者制度の実情を知らない公務員も出てきます。先日、ある県のよく知られた自治体を訪れた際、担当者から「指定管理者制度と業務委託制度の違いを教えてほしい」と真顔で尋ねられ、驚きました。

　指定管理者の民間事業者は経験を積み重ねており、実態もよく知っています。委託管理の時代は、外郭団体に行政職員が派遣され、一定の役職や役割を務めていたものでした。同制度の導入後は、公務員が自治体出資法人から引き揚げられていったため、「公の施設」の現場を知る自治体職員が随分と減りました。このためか、「指定管理者制度はこうあるべき」として、制度の本質や目的などを理解してくださる職員がとても少なくなってしまったと感じます。同制度は請負業務なのか？　協定に基づく代行契約なのか？　を理解されていない自治体職員もなかにはいます。指定管理者とは首長の代行権限者である、ということをご存じない。

　一部の公務員には、我々民間事業者を請負業者と思っている方もいます。こちら（自治体）がお金を払っているのだぞ、という横柄な態度で接してくる職員が、少なからずいらっしゃるという声をいまだに聞きます。

――指定管理者制度の選考への疑問は？

　ビジョンを持たない自治体や施設が困りものである理由は、事業者側に全部手の内を出させて、「これでいい」と決めてしまいがちなところでしょうか。選考委員の好みなどで指定管理者が選考されてしまいます。提案

する方にとって、とても怖い事態です。何よりその事業者を選定した自治体は、何を基準に評価を行うのでしょうか。

　自治体や施設にビジョンがなければ、施設の管理運営の良し悪しを図る「ものさし」がないのですから、評価のしようがないのではないか？　と思ってしまいます。

　指定管理者を決める選考委員の人選にも、一部、疑問を感じています。ある自治体の場合、選考委員には地元の自治会長、市民公募委員が加わるケースがありました。自治体職員は含まれません。地元の人たちの使用がほとんどの地域施設だから、地元の人で選んでもらいましょう……というわけです。

　しかし、一般の住民のなかには、同制度の趣旨や狙いをご存じない方もいるうえ、団体の経営状態や施設運営の実態を分かっていないこともあります。なかには応募者と面接審査する際まで、明らかに提案書を読んでいない場合もあります。質疑応答の段階で「この委員は明らかに提案書を読んでいないな」と分かってしまいます。対して公務員が審査に加わると、たいていは提案書をしっかりと読んでくれています。

　一定規模の施設の選定ならば、大学教授、弁護士、公認会計士らの専門知識を有する方々が選考委員に加わり、きちんと提案書を読んでいただいています。地域施設の事例のように、「公の施設」の管理・運営の実態を知らない住民が選定委員を務めることには、大いに疑問を抱いています。労務管理などに関する専門知識も必要であり、人員配置、勤務ローテーションが適正で労働基準法を守っているか、などのコンプライアンス（法令遵守）の視点も欠かせません。

　実態が分からないとなると、行政も、選考委員も、結局のところ、だれにでも分かる指定管理料の高さ、安さ、を重視してしまったり、実現性が決して高くない、きれいごとを並べた提案書が選ばれたりしてしまいます。これでは選ぶ側、選ばれた側、そして何より施設を使う住民、すべてが不幸になってしまいます。

　指定管理者の選定は、市の方針や政策と合致していることも肝心です。

指定管理料が年間5,000万円の5年計画とするならば、5年間で合計2億5,000万円が支出されます。決して安くない公金なので、市民ばかりの選考委員にせず、学識経験者や施設の所有者側である公務員を含めるなど、審査の基準をきちんと持ち、そして選考委員の選定をしっかりと行ってもらいたいと願っています。

　先にも申し上げましたが、指定管理者制度は、地域の政策課題を解決する1つのツールになり得る方法、あるいは手段だと考えています。だからこそ、指定管理者を選考する自治体の意識と姿勢が大切なのです。

──勤務先の場合、指定管理者業務はどの程度の比率に？

　弊社アクティオ株式会社はいろいろなジャンルの施設をお引き受けしています。指定管理者を受注した施設の数だけでいえば、スポーツ施設や図書館に特化して200施設以上を受託されている会社もあります。私どもの会社では、2018年4月現在で、指定管理者に選定されているところは全国で135施設あります。「公の施設」ではないところの業務委託は33施設です。お引き受けしている施設の業態の幅広さからみると国内で随一だと思います。

　最も多いのは、公民館や地域コミュニティ施設、生涯学習施設などで、次いで市民会館などの文化ホール系が続きます。道の駅、産業振興系の施設、児童館、高齢者福祉施設などの指定管理者にも選ばれています。

　12年前、松本先生とお会いした際、「指定管理者制度は、民間にとって、大きなビジネスチャンス。当社の主業になりつつある」とお話ししました。現在、わが社の指定管理者業務は、社業全体の60％程度を占めており、「社の主業」と言えるほどになりました。

──どんな施設の受注を狙っている？

　特定のジャンルにはこだわりません。弊社が望まれ、そこにお客様のニーズがあればどのような運営形態でも努力していきます。ただし条件があります。1つには、自治体が本気で弊社のような民間事業者の応募を望ん

でいること。本音では外郭団体や地元の団体を選定したいが、民間事業者を当て馬として応募させるような「出来レース」は困ります。こちらは応募する場合、社員数人が現地に入り、地元の方々や利用者からお話を聞き、ニーズを調査して数週間もの時間と労力をかけて真剣に提案書をまとめています。決して少ない労力や経費ではありません。民間への門戸開放が単なるポーズならば、やめていただきたい。

2つには、弊社の業務経験あるいはノウハウが活かせる業務であること。私たちは運営のプロフェッショナル集団として、できることが多くある反面、専門外のこともあります。「できないことは無理してやらない」と決めています。特定のジャンルだからお引き受けするのでなく、多種多様の施設の運営に関する経験や、未経験の業態の施設でも業務経験やノウハウが活かせるのであれば、チャレンジすることもあります。

3つには、適正な収支で、適切な利益が確保できること。私どもは民間企業です。適正な利益が確保できないと事業の継続性や会社の発展が担保できないから、にほかなりません。

——指定管理者に選定されたなかで最も印象に残った施設は？

私が担当したなかでは、千葉県成田市の公津の杜（こうづのもり）コミュニティセンターが、近年、最も印象に残りました。理由があります。1つには新規整備された施設であり、私どもが最初から施設の管理業務に携われたこと、そして地域が魅力的であったこと。2つには、新たに転居・移住してくる方々が増えている地域であり、以前から住んでおられる方々との交流やコミュニティの形成を図っていくこと、など地域的課題の解決を目指した施設だったからです。

提案したのは8社でした。16項目320点満点で評価され、15項目ではそれぞれ10〜20点の配点なのですが、提案価格の配点が高くて100点もありました。指定管理料の提案価格を比べると、弊社の価格が最も高く、獲得点数は最も低かったのですが、他の15項目で提案した内容が充実していた点を評価していただくことができました。

公津の杜コミュニティセンターの事業提案書を書くため、複数の社員が何度も足しげく現場を訪れ、市民、商店、地域団体の方にお会いし、地元のニーズを拾い上げました。この結果、住民同士の交流を図るためには、まずは「集まるきっかけ」をつくりたいと考え、多数の講座や事業を実施する案を提示しました。

　このように、指定管理者制度は、地域の政策課題を解決するツールの1つになり得る方法、あるいは手段だと考えて、日々の仕事に励んでいます。

　自治体にお伝えしたいのは、指定管理者を募集する際、対象となる施設の課題、「こうしてほしい」などの方針やビジョンを、それぞれ明確にしていただくとありがたい。私どもも、解決すべき課題や運営の方向性など、目標やミッションを明確にすることができます。公津の杜コミュニティセンターでは、自治体から地域解決やビジョンが明確に提示されたおかげで、私どもの提案はその課題解決策や、ビジョンを実現するアイデアや方策が、しっかりと実施できる内容であったと思います。

——人材採用はどのように？　指定が更新されない場合どんな対応を？

　スタッフの募集は、求人広告を用いた一般公募、再就職支援会社からの紹介、あるいは私のようにアルバイトや施設の業務経験者のなかからの採用、などさまざまです。弊社は基本的に1年ごとの雇用契約を締結しています。会社全体の社員は、施設で活躍している契約社員、アルバイトを含めて合計2,400人です。

　指定管理期間の更新が認められなかった場合、あるいは、業務契約期間の満了などによって従事する場所がなくなってしまう場合、契約社員やアルバイトスタッフには、できるだけ他の施設で雇用を継続できるように努めています。

　しかし、勤務地などの就労条件が変わることもあり、継続を希望しない人も出てきてしまいます。正直に申し上げると、指定管理者の継続、更新は見通せないところがあります。できる限り、弊社で継続して勤務できる努力をしていますが、指定管理期間満了で業務が終了してしまうこととな

第6章　関係者に聞く指定管理者制度の最前線　　183

った場合、次期の指定管理者に弊社の社員やスタッフの雇用をお願いすることもします。大切なのは、従事する社員、アルバイトスタッフが希望する職場で働き続けられることだからです。

第3部
指定管理者制度の可能性

第7章

市民のキャリアデザインと
地域コミュニティの
拠点づくりを目指す

──野田市郷土博物館の事例を通して──

法政大学
キャリアデザイン学部教授

金山 喜昭

はじめに

千葉県野田市は、「キャリアデザインによるまちづくり」を政策の柱の1つに位置づけた。その具体的な事業の1つとして、同じ敷地内に立地する野田市郷土博物館と市民会館（国登録有形文化財・旧茂木佐平治邸）を市民のキャリアデザインの拠点とするために、指定管理者制度を導入して一括して運営することにした。そこで、私が事務局長を務めるNPO法人野田文化広場が指定管理者として、2007年4月から野田市郷土博物館（市民会館を含む）の運営を始めた。その具体的な経緯については、拙著を参照していただきたい。[▼1]

その後、2019年3月までの12年間にわたり運営してきたが、同年4月から野田市などが出資する第三セクターが指定管理者となり、ミッションや事業を引き継いでいる。本稿では、この12年間のNPOによる運営の軌跡を振り返ることにしたい。

1 なぜ指定管理者制度を導入したのか

野田市が博物館（市民会館も含む）の運営に指定管理者制度を導入した理由は、市の政策を実施するために、博物館をその拠点の1つに位置づけたことによる。従来の博物館の体制のままでは、その実現は困難であることから、NPOが指定管理者となって実施することになったのである。

博物館の運営方針には、「地域文化の創造」「社会教育」「生涯学習」などが織り込まれることが多いが、野田市は市民の生き方を支援するために博

物館を「市民のキャリアデザインの拠点」にすることを政策に位置づけた。

　キャリアデザインとは、簡単に言えば、個人が自己理解をはかり、自分の生き方や進路を設計（再設計も含む）していくことである。キャリアというと、一般には職業や職位上の経歴の連鎖をいうことが多い。しかし、スーパー (Donald E. Super) が述べるように、個人は職業以外にもさまざまな役割（学生、余暇人、労働者、家族、市民など）を地域で持ち、それらは相互に影響しあって人生を送ることになる。[2] これをライフ（生涯）キャリアともいう。

　個人のライフキャリアにとって、地域はさまざまなコミュニティから成り立っている。ここでいうコミュニティとは、「ある1つの目的のもとに結成されて連帯性や帰属意識を有する人たちによる集団」と理解する。現状は、それぞれのコミュニティ（家族、学校、商工業者、農業者、市民団体、医療・福祉関係者、行政など）が分断的に孤立化していることが多い。これは全国各地でも見られる現象である。そこで、博物館は市民のキャリアデザインの拠点として、さまざまなコミュニティに所属する人たち同士を〈文化〉によってつなげるハブの役割を担い、市民相互のコミュニケーションを促進することを目指すことにした（図表1）。

図表1　市民のキャリアデザインの拠点となる博物館の概念図

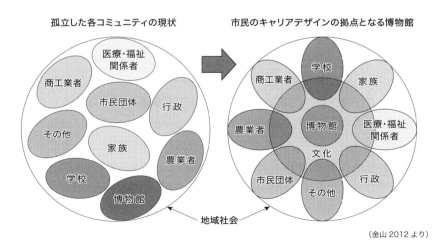

（金山 2012 より）

2 博物館と市民会館を整備する

　まずは、ミッションづくりから始めて、ヒト・モノ・カネを整えるために、市と協議を行った。

博物館のミッション

　これまでの博物館の基礎的機能を踏まえながら、市の政策に整合させて、新たなミッションを3つに整理した。

- 地域の文化資源を掘り起こし、活用する博物館
- 人やコミュニティが集い交流する博物館
- 人びとの生き方や成長を支援して、キャリアデザインをはかる博物館

体制づくり

　こうしたミッションを実現するためには、それにふさわしい人員体制をつくる必要がある。学芸員は、博物館機能の強化をはかるために、4人に増員した。館長には地元の民間企業を定年退職した人を迎え、私が日常的な運営をサポートする。事務員は会計と庶務を担当し、決算書の作成などの専門的な業務は会計事務所に外注する。直営時代では、館長、事務員、学芸員は各1人であったことに比べて学芸員を増やすことができた。

　なお、指定管理者の選定方法は随意指定で、契約期間は1期5年間である。

施設や設備の整備

　野田市は、市民へのサービス向上をはかるために、博物館にエアコンを設置して年間を通じて快適に利用できるようにした。また、絵画や写真パネルなどを展示できるよう可動式の壁面パネルを設置することにより汎用

性を高めた。1959年の開館以来、ほとんど手つかずにしてきた設備の改修が行われたことで、施設に清潔さや快適さをつくりだし、展示室の環境を改善することができた。利用者ばかりでなく、博物館のスタッフにとっても仕事がしやすくなったといえる。

　また、市民会館は、大正末年に建築された醤油醸造家の茂木家の旧宅である。昭和30年代に市に寄贈されてから、長年にわたり貸室施設として使用されていた。その一室を改修し、人数が増えた学芸員の事務作業スペースと、利用者が集うことのできるスペースにした。この部屋には、これまで収蔵していた全国の博物館から送られてきた図録や地元に関連する書籍を配架することにより、利用者が自由に閲覧することができるようにした。

予算を確保する

　次に、予算であるが、直営時代の博物館の予算は4,710万円（博物館：4,056万円、市民会館：654万円）であったが、それが両者を合わせて4,750万円というように、わずかに増額した。一般的に直営から指定管理者に移行すると、直営時代の予算に比べて2割ほど削減するところが多い。だが、野田市は博物館の再スタートに必要な経費を予算化し、2期目以降は人件費などの増額分もあり、1期目よりさらに増額している。それは、「無駄を省くことは必要だが、無機質な人間味のないものであってはならない」という、市長の基本的な考え方によるものであった。[▼3]博物館や市民会館は元々の予算額が少なかったことから、それを基準にして一律に予算を削減してしまえば運営が立ち行かなくなることを危惧したからである。市議会もそれを認めた。職員の給与の水準は公務員より低いという問題は残るが、事業費や資料購入費は同規模の直営館よりも充実するようになった。

3 新しい博物館活動を始める

事業を展開する

　NPO が博物館の指定管理者になってから、博物館のミッションを達成するために、直営時代の事業に新たな事業が加えられた。コレクションの収集、整理・保管、調査活動や、その成果を展覧会として市民に公開することはもとより、市民の生き方を支援するような事業が行われるようになった。

　当館のユニークな事業としては、寺子屋講座をはじめ、「市民コレクション展」「市民の文化活動報告展」「市民公募展」などの市民参加型の企画展、市民の自主研究グループの育成、キャリアデザイン連続講座、観月会（市民交流会）などがある。

　なかでも、寺子屋講座は指定管理者になる以前から NPO 法人野田文化広場の事業として実施しているもので、13 年以上（2005 年 4 月から）続けている。寺子屋講座には「まちの仕事人講話」と「芸道文化講座」があり、それぞれ月 1 度の開催を続けてきた結果、累積回数は 350 回近くになっている。「まちの仕事人講話」は、「仕事とは何か？」をそれぞれの仕事に携わる人たちが直接語るもので、その仕事や職業についての理解を促すものである。これまで職人、技術者、商店主、農業従事者、料理人、サービス業、福祉関係者、消防士、ボランティア団体代表者、会社経営者、アーティストなどの多岐にわたる職業や活動をとりあげた。地域の身近な仕事に従事する市民に登場していただき、あまり知られていない裏話や、その職業に就いたきっかけなど、等身大の人生を語ってもらうのである。講師の年代も、20 代から 80 代までと幅広い。参加者はこれらの語りから、その職業にまつわる知識だけでなく、どうしてその生き方を選択したのか、そのとき何を考え行動したのか、またそうさせた背景は何だったのかなど、

その人の人生についても学ぶ機会となる。それを参加者自身の生き方に反映させて考えてもらうことを意図している。

寺子屋講座では、講座の最後に懇談の時間を設け、講師と参加者との交流の時間をとっている。その場に居合わせた参加者同士が、働くことや人生という話題を共有して語り合うことによって、それぞれの生き方に刺激を与えることができる。そして、同じ地域に住む人たちの仕事を知ることにより、地域の再発見や、地域活動に取り組む仲間づくりにつながっている。また、この講座で最も喜んでくれるのは、講座を担当した講師自身である。初めて自分の人生を人前で語ったことにより、人生の棚卸の機会になったことや、その生き方を参加者たちに共感してもらったことが嬉しかったという反響が寄せられる。

「むらさきの里 野田ガイドの会」との連携

ガイドの会は、散策やウォーキング、研修等で野田を見て歩く人たちを対象に、見所を案内する市民団体である。活動開始から３年程度が経過して活動体制や組織体制もできあがっていたが、さらなる活動の充実と継続のためには、日常的にメンバーが集まることのできる拠点が求められていた。

指定管理者として運営を始める時期に、NPOから市民会館内にガイドの会の人たちが常駐できる拠点となる部屋を設けることと、同会に博物館の敷地や市民会館をガイドする事業を担当してもらうことを提案したところ、快諾を得ることができた。メンバーが市民会館に駐在することで、博物館・市民会館を案内することができるようになり、博物館にとっては市民サービスの向上につながるようになった。

ガイドの会にとっても、市民会館内に活動の拠点を置くことができたことにより、打ち合わせやメンバー同士の交流、学習の素材や市内外のさまざまな施設や出来事に関する情報を得ることができるようになり、それがメンバーのモチベーションの向上につながっている。また、対外的には、利用者や他団体などから信用が得られるようにもなったという。

第7章　市民のキャリアデザインと地域コミュニティの拠点づくりを目指す　191

4 成果と課題

　NPOが指定管理者として運営するようになってから、博物館の利用者は3万人を超えて安定的に推移している（図表2）。その理由は、直営時代に常設展を中心にしていたのに対し、企画展や特別展を中心にしたことや、さまざまなキャリア支援の事業やガイド事業などを行うことにより、博物館が市民にとって日常生活の場になっていることの表れだと思う。

　野田市が博物館に指定管理者制度を導入したのは、経費削減が目的ではなく、新しいミッションを実現するための手段であったといえる。私たちのNPOがその役割を担うことになったのは、行政ではその役割をこなすことができないと市が判断したからである。能力のあるNPOが担当したほうが、財政的にも効率的であり、高い成果が期待される。他のNPOによる指定管理館をみても、やはり行政が担うよりも高い成果をあげている例が多い。NPOの人たちが持つ技能、人的ネットワーク、柔軟性などは、直営博物館よりも有利な場合があるからである。▼4

　とはいえ、指定管理館としての課題もある。1つには、職員の給与問題である。NPOばかりでなく企業や財団法人などの指定管理館でも同じだが、常勤職員の給与水準は、一般に公務員の基準よりも低く設定されているのである。しかも、指定管理料は基本的に契約を更新しても定額であることから、人件費の昇給を見込むことができない仕組みになっている。この問題については、当初から市側と協議していることもあり、当館の場合は学芸員については専門職手当てなどを付けるなどし、若干は改善することができている。それでも、将来的に指定管理を継続していくことを想定すると、やはり支払う給与額の限界が生じることになる。つまり、優秀な学芸員を給与面で継続的に雇用することが保障できないことである。

　2つ目は、当館のように市の政策によって指定管理館になったところでは、首長の交代などにより政策の見直しが行われると、博物館業務についても影響が生じることが懸念されることである。幸いにして、当初の市長

から交代した現市長は、前市長の政策を引き継いでいることから問題はないものの、将来的な継続性は未知数のところがある。

しかしながら、博物館の活動が市民に理解されて、必要とされる存在になれば、そうした環境変化に左右されることなく、ますます発展してゆくと思われる。

図表2　野田市郷土博物館の年間入館者数

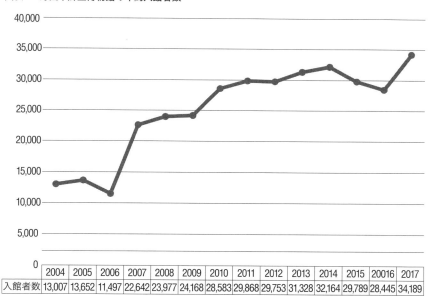

	2004	2005	2006	2007	2008	2009	2010	2011	2012	2013	2014	2015	20016	2017
入館者数	13,007	13,652	11,497	22,642	23,977	24,168	28,583	29,868	29,753	31,328	32,164	29,789	28,445	34,189

出典：『野田市郷土博物館・市民会館年報』第11号 2017年度

なお、冒頭でも触れたように、NPO法人による運営は2019年3月をもって終えた。その理由は、理事の高齢化や家族の介護などの問題や、法人にとって数年来の難題に対処するものであった。同年4月からは、野田市などが出資する第三セクターが新たな指定管理者となり運営を引き継いだ。学芸員の雇用など現場の職員体制を維持したまま、これまでの博物館のミッションや事業についても継続することができた。ガバナンスが、よりしっかりするようになったことにより、持続可能な博物館とする最良の判断

をしたつもりである。

　そもそも同館に指定管理者制度を導入した目的は、行き詰まりを見せていた直営時代の博物館に新しい風を吹きこみ、博物館の再生をはかることであった。この12年間の活動を通して博物館を「市民のキャリアデザインの拠点」として活性化させることができ、法人としてその役割を、ひとまず果たすことができたと自負している。今後は、新たな運営者のもとで、博物館がさらに発展することを見守っていきたい。

※本稿は、金山喜昭（2012）『公立博物館をNPOに任せたら』の一部を加筆修正したものである。

注

1　金山喜昭（2012）『公立博物館をNPOに任せたら』同成社
2　渡辺三枝子編著（2003）『キャリアの心理学』ナカニシヤ出版
3　根本崇（2010）「温かみと人間味のある行政運営を目指して」『地方自治職員研修』第43巻通巻605号
4　金山喜昭（2017）『博物館と地方再生』同成社

第3部
指定管理者制度の可能性

第**8**章

民間が運営する
指定管理者施設の課題

（株）シアターワークショップ
代表取締役

伊東 正示

1 公立ホール建設の
これまでの流れ

1-1 第一世代の公立ホール

　全国各地の自治体によって建設された公立ホールは、3つの世代に分けることができる。

　第一世代は、集会や大会を中心とした公会堂の時代である。公会堂は、戦後その都市に最初に建設される大型集会施設であり、最大の目的は集会であり、大会であった。舞台の大きさや楽屋や倉庫といった舞台裏の空間を犠牲にしてでも、客席数を増やすことが求められた。「大きな客席、小さな舞台」という構成であり、到底舞台芸術の上演に適する施設ではなかったが、それしかないから使わざるを得ない状況だった。極論を言えば、首長である知事や市長が自分の任期中に記念碑的に建てたものであり、機能はともかく、建てることが目的になっていたことから、第一世代は「施主の時代」ということができる。

　第一世代の公会堂が舞台芸術の上演には不十分な施設や設備であったことから、舞台芸術関係者は劇場・ホールの機能の充実を求めた。舞台面積の確保や音響性能の向上、舞台機構や音響、照明などの舞台特殊設備の充実が求められ、大会や集会のための公会堂から徐々に舞台芸術のための文化会館へと機能転換が行われていった。

1-2 第二世代の公立ホール

　1968年6月に文化庁が設置され、全国各地に文化会館が建設されていったが、初期の文化会館は舞台芸術のすべてのジャンルに対応することを目指した多目的ホールであった。多目的ホールの場合は、ある演目にとっては必要なものが、別の演目にとっては制約になるという矛盾があるため

に、多目的ホールはどの演目にとっても使いづらいことから、多目的は無目的などと揶揄されてきた。

　日本が経済的に豊かになるに従い、文化や芸術に対する関心が高まり、本物志向が強くなっていった。そのため、多目的ホールでは満足しきれず、より豪華でしかも機能的な施設の建設が盛んになっていった。また、1つの施設内に複数のホールを持つ大型施設が増えたことや、1つの都市に第二、第三のホールが建設されるようになってきたことから、1つのホールで何でもこなす必要性が薄れていった。複数のホールで機能分担ができることから、多目的ホールである必要がなくなり、特定の演目の性能を高めた主目的ホールが生まれ、さらには特定の演目に特化した専用ホールへと、舞台芸術のジャンルごとの要求に適するホールづくりが行われるようになった。

　さらに、大都市では新国立劇場（1997年開場、以下同様）の計画を契機として、ヨーロッパのオペラハウスや劇場のように、ジャンルごとの専用劇場に加えて、さまざまな種類の稽古場や製作場などの舞台芸術作品を創造するための施設も併設される総合舞台芸術センターが建設された。愛知芸術文化センター（1992年）、彩の国さいたま芸術劇場（1994年）アクトシティ浜松（1994年）、滋賀県立芸術劇場・びわ湖ホール（1998年）などがその代表的な施設である。

　このように、舞台芸術関係者の意向が反映され、舞台空間や演出機能の充実が図られたのが第二世代であり、「芸術家の時代」と名づけることができる。

1-3　第三世代の公立ホール

　こうした流れは新国立劇場の計画が推進エンジンとなって、1つの大きな流れをつくった。ところが、デザイン的にも機能的にも最高レベルのホールが建設され、超一流のアーティストの公演が頻繁に地元で楽しめるという環境が整備されたにもかかわらず、客席はガラガラという状態が現れ

てきた。すでに多くの市民は生活の中で舞台芸術を観に行く、コンサートを聴きに行くという習慣を失っており、もはや観客が不在になってしまった。舞台芸術は、出演者や演奏家だけで成立するものではなく、観客がいて初めて成り立つものである。そこが映画やテレビとの根本的な違いであり、舞台芸術の魅力なのである。まずは観客を創る、そして育てるというところから始めなければならない時代になってしまった。

　公立ホールの場合はとくに、観客に眼を向けなければならない。いかに多くの市民をホールに呼び込み、舞台芸術の魅力を知ってもらい、ファンになってもらえるのか。芸術性の高い作品にこだわらず、敷居を低くして、門戸を開き、生活文化やまちづくり、ひとづくりといった領域にまで活動の幅を拡げながら、ひとりでも多くの市民に公立ホールの存在意義を理解してもらうことが、ホールの建設にも運営にも重要になっている。

　その点に着目しているのが第三世代であり、『観客の時代』ということができる。

　そのリーディングプロジェクトとなったのは、黒部市国際文化センター・コラーレ（1995年）と世田谷パブリックシアター（1997年）であろう。

2 市民参加によるホール運営

（コラーレとポストコラーレ）

2-1 コラーレ倶楽部の展開

　黒部市国際文化センター・コラーレの建設計画では、設計者に新居千秋氏が選定されたところから、劇場コンサルタントとして参加し、施設計画のみならず管理運営計画の策定や開館準備業務に参加した。設計者チームは最初に、設計者選定の前に策定されていた建設基本計画の検証からスタ

ートした。現地調査や市民へのヒアリングなどから、市民の文化芸術に対する関わり方や余暇時間の過ごし方、また周辺類似施設の運営状況を把握していった。その結果から判断して、基本設計の大幅な見直しが必要であるという結論に至った。そこで、行政の担当者に諮り、施設プログラムを変更することとしたが、新しい計画の策定のためには市民参加が必須であると考え、文化芸術活動を行っている市民や関心の深い市民を集めてワークショップを組織した。公立ホールの建設において、基本設計の初期段階から市民が参加し、行政と設計者と協働して計画を推進するという手法は、今では一般的な手法になっているが、その流れをつくったのがコラーレであろう。それまでの市民と公立ホールの関わり方は、建設段階では建設委員会の委員として行政が作成した原案を承認する役割であり、開館後は施設利用者として、また自主事業のチケットを買って公演を鑑賞するという程度のものであり、一般市民は自主事業のチケットセールスのためにつくられた「友の会」の会員になるのがせいぜいであった。コラーレでは、ホールのサポーターとして施設の行う事業やサービスに積極的に関わっていく文化倶楽部構想に取り組み、コラーレ倶楽部を発足させた。さらにはサポーターとしての役割だけではなく、自らが新たな事業を企画し、施設を利用し、開かれた組織として新たな利用者や来館者を開拓していく役割も担う組織に発展していった。

　第二世代の公立ホールでは芸術監督制度やプロデューサーズシステムが重視され、上演サイドの意向が優先される傾向であったのに対して、むしろ観客側の望む事業や運営を大切にしてほしいという願いが顕在化した。そこで、コラーレの事業計画の策定にあたっては、市民による運営委員会がイニシアチブを持ち、事業プログラムがつくられている。

　コラーレが開館して 20 年以上が経過しているが、意思決定のための運営委員会やホールサポーターとしての市民の活動は継続しており、大きな役割を果たしている。

2-2 ポストコラーレ（さくらホールと茅野市民館）

　コラーレを先進事例として、市民参加型のプロジェクトは全国各地に広がっているが、北上市文化交流センター・さくらホールでも、同様に計画の初期段階から市民参加システムを取り入れていった。そして、管理運営主体として財団法人北上市文化創造が設立されるが、市民ワークショップのメンバーのうち、3名が財団職員となって活躍をした。その後、そのうちの1名が退職し、市民ワークショップに参加していた市民とともにNPO法人芸術工房を立ち上げた。運営主体である一般財団法人北上市文化創造からアンケートやフロントスタッフの業務などを請け負うだけでなく、ショッピングセンターでの事業やクリスマスイルミネーションなどさまざまな文化芸術活動に取り組み、地域通貨制度を導入するなど運営にも工夫を凝らすことによって、年々活動は活発になり、会員数も増加している。

　また、長野県茅野市でも当時の市長のコンセプトである「市民・民間主導行政支援」の方針に従って、ホールと美術館およびコミュニティ施設からなる複合文化施設である茅野市民館は、基本構想段階から市民による構想づくりが行われた。その後、基本計画段階から設計者として早稲田大学教授古谷誠章氏と設計者をサポートする専門家チームが計画に加わり、市民とともに施設のハード面及び管理運営のソフト面の計画策定が行われている。半年間でまとめられた基本計画段階では50回、開館までには130回に及ぶ市民ワークショップが開催され、その後も徹底的に市民の意見を取り入れ、設計者チームと協議しながら、決定するという流れで計画が進められていった。

　茅野市民館の管理運営主体については、専門家による運営をめざして、茅野市が全額出資した株式会社地域文化創造を設立している。職員は全国公募を行い、民間施設で活躍している人材を中心に組織づくりが行われた。茅野市では市民参加が求人の場になってはいけないという市長の意向があり、計画段階から関わってきた市民は、完成後も市民の立場で運営主体をサポートする役割を担うことになり、茅野市民館は英文では Chino

Culture Complex となることから、サポート C という名称の NPO 法人を設立することとした。茅野市民館の中に NPO 法人の事務局を置き、事務局員が常駐して、友の会事務局の業務やチケット販売業務を受託している。

3 指定管理者制度と市民参加

　このような一連の市民参加の流れとは別の動きとして、20 世紀末になって、郵政の民営化などが契機となり、民間にできることは民間に任せようという動きが加速していった。1999 年に施行された「民間資金等の活用による公共施設等の整備等の促進に関する法律」、いわゆる「PFI 法」もこうした流れの一環であろう。そして、21 世紀に入り、2003 年に指定管理者制度が制定される。

　指定管理者制度導入の最大の理由は、民間活力を導入することにより、民間のノウハウを生かしたサービスの向上や効果的、効率的な運営が期待できることであった。それまでの間、公立ホールの業務に携わってきた企業は、既存業務を守るために、また新規物件を開拓し、業務を拡大するために積極的に全国の指定管理者の公募に手を挙げていった。そうした企業は舞台技術管理やビルメンテナンスの企業であったり、観光やイベント機材レンタルなど関連業界からの参入企業であったりしたが、残念ながら劇場、ホールの自主事業の企画制作を専門とする企業からの積極的な参入は非常に限られている。

　これらの企業は劇場の専門家として期待されるために、新規の専門的人材を雇用する動きが出ているが、求められるのは即戦力となる専門家であり、新規に人材を育てることはほとんど考えられてはいない。

第 8 章　民間が運営する指定管理者施設の課題　201

第三世代の公立ホールでは市民協働が1つの大きな鍵となっているが、その場合の市民とは舞台芸術の愛好家や文化芸術活動を行っている人ばかりではなく、あらゆる市民を指しており、指定管理者制度が求める専門家とはほど遠い存在のように見えてしまう。

　営利を目的とする民間企業は確かに専門家集団であり、指定管理者制度の導入根拠とは合致するが、地域に住む住民とのよりよい関係性を構築することが、第三世代では求められており、次世代型のホールではさらに高度に関係性を築くことが求められるのではないか。また、行政の役割も重要であり、指定管理者に文化政策のすべてを任せた気になってしまうのは好ましくない。行政の下支えの上に市民の持つ地域愛や地域コミュニティ力と専門家組織が持つノウハウや経験値が絡み合って連動することが、これからの日本の文化芸術を拡げ、かつ高めていくためには重要になっていくに違いない。

4　由利本荘市文化交流館・カダーレの取り組み

4–1　施設の概要

　2005年3月、秋田県由利郡の一市七町が合併し、約1,200㎢という秋田県最大の面積を持つ、人口約8万5,000人の由利本荘市が誕生した。そして、由利本荘市の文化芸術の振興ならびに市民交流の活性化を図り、中心市街地のにぎわいの創出を目的とする施設の建設計画が立ち上がり、由利本荘市文化交流館・カダーレが2011年12月19日に開館した。

　カダーレの施設構成は、1,110席の多機能ホールである「文化ホール」、22万冊の図書が収納可能な「図書館」、市民活動室、ギャラリーなどの

「交流活動施設」、プラネタリウムを備えた自然科学学習室や研修室のある「教育学習施設」、レストラン、物産館などの「店舗施設」、そして、南北の道路をつなぎ市民交流や休憩のスペースとして利用できる「わいわいストリート」の６つのゾーンで構成されている。

　客席空間に大規模な可変機構を備えた文化ホールは、劇場形式で使用する場合には１階席が536席、２階席が574席の２層構成の客席を持つホールである。平土間形式で利用する場合には、１階席のすべてが可動席であり、これらの客席が収納できるシステムとなっている。段床型の客席空間を平土間に転換するやり方として最もポピュラーな方式は、客席の段が段ごとに後ろに下がって、座席が自動的に折り畳まれて段床の間に収納されるロールバック方式であるが、座席の座り心地や揺れ、あるいは音響の問題があり、本来の目的である劇場形式の利用の際に性能が下がってしまう傾向がある。カダーレではロールバック方式の可動席の技術開発を行い、本格的な劇場椅子を使用し、かつ、まったく揺れを感じさせない可動機構を実現している。観客は動くところを見ない限りは、これが動くとは信じられないというレベルである。一階席の中通路よりも前方の客席は、客席ワゴン形式であり、これも揺れの心配はない。客席ワゴンを迫りを利用して奈落レベルに収納し、迫りを舞台レベルまで上昇させると客席の中通路とも同レベルになるから、舞台と一階客席は一体の平土間空間となる。さらに、ロールバック席は畳まれた状態で、迫りによって下方に収納され、後部のホワイエとの隔壁が開放できることから、ホワイエも含めて連続した空間となる。同様に舞台後方の壁も幅広く開放できるようになっており、舞台後方に配置された３つのギャラリーの壁面も開放できる仕掛けになっているから、ホワイエ、客席、舞台、そしてギャラリーを貫く長さ130mの連続した大空間をつくり出すことができる。両側の外壁も大きな開口が設けられているから、祭りのパレードが通り抜けていくような使用方法も可能である。

4-2 市民参加を取り入れた検討プロセス

　カダーレの設計者は、黒部市国際文化センター・コラーレを設計した新居千秋氏であり、コラーレ同様、設計の初期段階から市民参加によるプロセスを踏んで設計を進めている。設計者および音響や劇場のコンサルタントを含めた設計チームが市民の声を直接聞き、そのニーズに合わせた空間や機能の提案を繰り返して、合意形成を図ってきたからこそ、世界初の多機能ホールが実現することになった。それ以外にも、あらゆる空間に施設面でのさまざまな工夫が施されている。建物の中心を貫く「わいわいストリート」はもともと市道が通っていた場所であることから、わいわいストリートに面してレストランや物産館、観光情報案内コーナーが配置されている。また、文化ホールの中楽屋は劇場側で使わないときには会議室としても利用できるように、わいわいストリート側にも扉が付けられている。建物の中央部分には総合案内があり、そこから見える位置に子どもの遊び場となるセンタープラザが配置されている。

　こうした設計上の工夫は、実際の利用者となる市民の賛同を得られなければ、無駄な投資になりかねない。また、開館後の事業企画や運用規則などにも反映されなければ、うまく活用されることはない。カダーレの場合には、設計段階から並行して管理運営計画の検討も進められており、ハードとソフトがキャッチボールをしながら進められた。そして、運営方針づくりから、管理運営計画の策定、開館に向けた準備作業、プレイベントの実施、すべての市民に伝えるための公報宣伝活動など、管理運営検討懇談会から市民ワーキンググループと時期に応じて名称は変更されたが、一貫して市民メンバーとの協働体制が構築されてきた。

4-3 直営からのスタート

　カダーレの管理運営主体については、世の中の流れから判断すれば、指定管理者制度を導入する方向ではあるが、開館時から導入するにはいくつかの点が懸念された。

それは、秋田県由利本荘市という地方都市の施設であり、かつ、収支的にも厳しい数字とならざるを得ない状況で、公立ホールの管理運営のノウハウを持つ経験豊富な企業が手を挙げてくれるだろうかという点であり、もう一点は、これまで市民参加型で進めてきた官民の協働体制が民間の指定管理者になった場合でも継続できるだろうかという点であった。

　また、一般的な新築施設の問題点として、光熱水費や清掃費などの維持管理費は諸室の稼働状況の予測から試算した金額であるため、確実性が低い。適正な指定管理料を出すためには、通年で２、３年間の実績を見なければ判断できないという点がある。そのため、開館から数年間は光熱水費を実費精算としている施設もある。

　そうした状況を勘案して、カダーレの管理運営主体は、当面は直営とし、自主事業については部分的に市民による自主事業実行委員会が担うこととし、年間の事業プログラムづくりから各事業の実施まで、市民の力を活用して実施することとした。また、ホールの専門的ノウハウが必要で、安全面や安定した運営に大きく影響する舞台技術については業務委託とする方針とし、劇場コンサルタントとして設計の当初から関わっており、舞台特殊設備や備品の内容を熟知している弊社が受託した。そして、年間収支など数年間の管理運営状況をみて、将来的に指定管理者制度の導入を図ることとした。

4-4　カダーレの運営のための市民組織の設立

　計画の初期段階から参加してきた自主事業実行委員会のメンバーたちは、カダーレの自主事業に関わりながら、将来指定管理者制度が導入されるのであれば、自分たちが指定管理者になりたいという思いを膨らませていった。

　そこで、市が直営から移行して、カダーレの指定管理者を公募する前に組織づくりをすることとした。法人名称はカダーレ文化芸術振興会とし、「カダーレを中心とした市民参画の推進と市民文化及び芸術文化の振興を

図り、地域社会の活性化に寄与すること」を設置目的とし、「法人の形態を利益の再配分ができない一般社団法人にすることで、非営利、公益性という観点に立ち経済性に重きを置かない地元密着型の運営」を行うこととしている。

　また、目的を達成するための事業として、次の4項目を挙げている。

(1) 市民の文化活動支援及び市民同士の交流に関する事業

(2) 文化芸術の企画運営に関する事業

(3) 施設運営に関する事業

(4) 各号に附帯又は関連する一切の事業

　さすがにこの時点ではカダーレの管理運営という施設を特定した表現はできなかったため、「施設運営に関する事業」としているが、組織名称からも明らかなように、カダーレの指定管理者になることを目指した組織である。

　設立時の社員は全員、カダーレの開館準備作業にかかわってきたメンバーであり、役員には10名の理事と2名の監事が就任している。株式会社シアターワークショップを代表する私以外は全員、由利本荘市に在住・在勤であり、多様な職種において経営者あるいは役員を務めている人材である。そして、文化芸術活動だけでなく、長年地元町内や商店街でも活動している。また、由利本荘市は市域が広いが、メンバーは市内の各地で活動しているため、カダーレから離れた地域でもネットワークを持っており、地域の声を反映できるという点も特徴となっている。

　2015年9月2日、一般社団法人カダーレ文化芸術振興会は無事登記を済ませて、設立された。

4–5　指定管理者の公募

　一般社団法人カダーレ文化芸術振興会が設立された翌月の2015年10月1日には、由利本荘市文化交流館指定管理者募集要項が公示された。

　募集要項には応募資格の中に、「文化交流館と類似施設の管理に関する

業務の実績」という項目があるが、ただし書きとして、「業務実績を有しない法人等が業務実績を有すると認められる法人等とグループで申請する場合、又は新たに設立された団体に業務実績を有すると認められる法人等が所属している場合は、業務実績を有している団体として取り扱うことができる」という追記がなされていることから、カダーレ文化芸術振興会はかろうじて参加資格要件をクリアできた。

　また、選定基準の中には「適正かつ確実な施設運営を行う申請団体の能力」という項目があり、7つのチェック項目の中には「当該施設又は類似施設の管理及び運営の実績はどうか」「経営状況や財務状況は問題ないか」といった項目がある。

　カダーレが誕生するまでの経緯の中でも、あるいは開館後の自主事業においても個人的には活躍をしてきた市民による組織ではあるが、設立して1か月あまりの団体であり、団体の能力という視点からは厳しい評価になることもやむを得ない。しかし、その他の評価基準では圧倒的に優位な項目もあったことから、11月30日には応募した4者の中から候補者として選定されるに至った。

4-6 体制づくりと現況

　12月議会で一般社団法人カダーレ文化芸術振興会がカダーレの指定管理者になることが議決され、翌2016年3月には市との協定を締結し、2016年4月より4年間の指定管理者として業務に当たっている。市の広報誌では、カダーレの指定管理者が決定したという記事の中で「地元有志が立ち上げた一般社団法人による、地域密着運営」というタイトルで、カダーレ文化芸術振興会を紹介しており、カダーレの開館前から継続して関わってきた人々による組織であることやカダーレの公益性に鑑み、地域貢献するために、営利を目的としない一般社団法人であることを伝えている。そして、「今後は、これまで開催した事業のノウハウを生かし、より市民に満足を提供する事業展開が期待されます」と締めくくっている。

スタッフは利用する市民との関係を大切にして、直営のときからカダー
レで働いていた人材を優先的に登用している。また、技術スタッフについ
ては、弊社から常駐者を1名送るとともに、民間ホールや公立の大型ホー
ルで技術部門の責任者を歴任した人材を定期的に派遣して、スタッフのト
レーニングや実際の公演において照明デザインの手本を示すことなどによ
り、地元の人材にノウハウを伝える教育を進めているところである。

　指定管理者制度の導入により、民間が参入できるようになったことで、
より専門性の高い運営が期待されることから、公立ホールの指定管理業務
を全国展開で行う企業も増えてきている。そのおかげで、効率的で効果的
な管理運営ができるようになっている。

　しかし、理想的な将来像としては、市民自らがノウハウを身に付けて、
自分たちで管理運営をしていくことであろう。地域には独自の歴史があり
文化がある。地域の特性を理解し、深い地域愛を持つ人材は、ホールに限
らず、公立施設の運営には必要不可欠である。そのためには、地元の人材
の中からホールの専門家を養成することが最も望ましいことであり、地元
への愛と理解があり、地域ネットワークを持つ人材が専門的知識を持つホー
ルの専門家になることを目指さなくてはならないし、実現できるための
方策を実施しなければならない。

　カダーレがその先駆的な事例となるように、カダーレ文化芸術振興会の
メンバーは日々の業務に真摯に取り組んでいるところである。

第3部
指定管理者制度の可能性

第9章

指定管理者の
光と影

──そのガバナンスとマネジメント──

北陸大学教授・副学長・
国際コミュニケーション学部長

桧森 隆一

1 自治体の課題に対する
指定管理者の役割とその限界

1–1 「切り札」ではない指定管理者制度

　総務省自治行政局「公の施設の指定管理者制度の導入状況等に関する調査結果」によれば、2015年4月1日現在指定管理者制度が導入されている施設は7万6,788施設にのぼる。この調査で注目すべきは、2012年4月2日から2015年4月1日までの3年間に指定管理者の指定取り消しまたは指定期間満了をもって取りやめの事例が2,308施設あったことである。取り消し・取りやめの理由の48.8%が施設の見直しによるものであり、その後の管理形態は46.7%が統合・廃止（民間譲渡を含む）である。つまり、指定管理者制度が導入されている施設であっても、施設の統廃合・休止は起こり得るのである。

　厳しい財政状況の中で「行革」という名の経費節減を続けてきた自治体も、人件費の削減や予算の一律前年比〇〇％削減という手法では限界にきている。たとえ施設の管理運営費用の節減を目的として指定管理者制度を導入したとしても、節減効果は導入時の一時的なものであり、施設がある限り毎年決まった維持管理・運営費用が必要なことに変わりはない。指定管理者制度は「行革」の切り札ではないのである。

1–2 自治体における「資産の圧縮」の意味

　厳しい財政状況におかれ、税収増も望めない自治体が、民間企業が経営を再建するときに必ず行う「資産の圧縮」すなわちバランスシート改革に着手するのは必然である。民間企業が行うのと同じように不要資産の処分、施設や設備の統廃合、余剰不動産の売却や貸与などで「身軽になる」必要がある。余分な資産は保有するだけでコストが発生しているのである。

しかし果たしてそれだけでいいのだろうか。民間企業の再建にあたっては「資産の圧縮」に伴って必ず２つのことを行う。それは資産の効率化と中長期的な投資である。資産の効率化については自治体には売り上げがないため、資産回転率のような指標は使えないが、保有する施設をとことん使い倒すというマインドが必要だろう。

　投資についてだが、慶應義塾大学の上山信一教授によれば、自治体は「税収増を受け身で待つしかないので、つい経費節減に目が行く。しかし出費には投資と経費の両方が含まれる」という。自治体からはなかなか中長期的視点、投資の発想が出てこない。しかし来るべき人口減少や少子高齢化、市民ニーズの多様化に備えるためには、経費節減一辺倒ではなく思い切った投資の発想も必要だ。「資産の圧縮」は経費節減と同義ではないのである。

1-3　典型的な事例
東村山市の公共施設再生計画（2015年策定）[2]

　それでは自治体のバランスシート改革はどのように進めればいいのか、筆者もその策定に加わった東村山市（東京都）の公共施設再生計画の内容を手がかりに考えてみたい。東村山市を取り上げたのは、多くの自治体と共通の課題を抱える典型的な事例だからである。

　東村山市においても、昭和40年代から50年代にかけて急増した人口に対応するため、多くの公共施設が整備された。その多くが老朽化し、今後の維持・更新が課題になっている。これらの施設が平成30年代後半から集中的に更新時期を迎えることにより、現状の施設を維持するには今後30年間で900億円を超える更新費用が必要となり、毎年約10億円の財源が不足すると試算されている。

　このような状況に対応するため、公共施設再生計画には基本理念と４つの基本方針が示されている。

基本理念：将来世代にツケを回さず、時代の変化に対応した安全・安心
　　　　な施設に再生し引き継ぐ

４つの基本方針
方針１：サービス（機能）を維持しながらハコ（建物）に依存しない公共
　　　　施設に再編する
方針２：公共施設を最大限に活用するため、効率的・効果的な管理運営
　　　　を実施する
方針３：計画的な保全により、公共施設の安全を・安心を確保する
方針４：タテ割りを超え、全庁的な公共施設マネジメントを実施する

　この基本方針にもとづいて取り組む方策は、たとえば方針１については
サービスの適正化、施設の複合化・多機能化、再編・再配置の検討などを
行う。方針２については、利用促進や管理運営の効率化、外部委託（含む
指定管理者）、受益者負担と税による負担の適正化、低未利用建物・土地の
活用などが検討されている。方針３では長期保全計画やその実現性を確保
するための仕組みなどが検討される。方針４では情報の一元管理や全庁的
な資産マネジメントなどが検討されている。

1−4 「サービス（機能）を維持しながらハコに依存しない」とは

　「サービス（機能）を維持しながらハコ（建物）に依存しない公共施設に再
編する」と方針１に示された課題は、他の自治体も大いに考える余地があ
る。そもそも公共サービスは公共施設がなければ提供できないのだろうか。
あるいは、政策は実現手段として必ず公共施設を必要とするのだろうか。
　１つの事例として、静岡県ふじのくにNPO活動センターを紹介する。
2016年３月14日、筆者を委員長として2016年度ふじのくにNPO活動
センター等運営業務受託者選定委員会が開催され、静岡県の３つのセンタ
ー（当時、静岡市、沼津市、浜松市に存在）の運営業務受託者が選定された。運営

業務の内容は以下の通りである。

(1) NPO、社会貢献活動に関する相談事業

(2) NPO の活動支援

(3) 多様な主体による協働推進

(4) 中間支援機能の強化

(5) NPO、社会貢献活動に関する啓発事業

(6) NPO 法人閲覧書類公開業務　　　　　等

　お気づきのように、業務の中に「場の管理運営」が入っていない。このセンターはいずれも公の施設ではなく、基本的には事務所（プラス若干の会議室）のみであるため、運営業務受託者は指定管理者ではない。要は県のNPO 施策として中間支援や協働の推進の仕事をしてもらう、ということである。

　今後、多くの自治体で「サービスの適正化」が検討された場合、その機能の本質は何かが明らかにされることになるだろう。そうなってはじめて施設の複合化・多機能化や再編・再配置が可能になる。たとえば男女共同参画社会の実現に男女共同参画施設は必須だろうか。その機能を推進する機関（インスティテュート）を他の機能と併設することはできないだろうか。このように検討していけば、「資産の圧縮」を実現しながらサービスを削減しない方法を見出すことができるのである。

1–5 「公共施設を最大限に活用するための 効率的・効果的な管理運営」とは

　群馬県前橋市は同市出身の詩人萩原朔太郎を記念する「水と緑と詩のまち前橋文学館」の管理運営を 2016 年 4 月から指定管理者から直営に変更した。2013 年から公募で選定された一般財団法人前橋市文化スポーツ振興財団が指定管理者として管理運営を担ってきたが、今回、萩原朔太郎の孫である萩原朔美氏を館長に迎え、合わせて直営に切り替える。その理由は、近くにある既存の商業施設のコンバージョンを行った市営美術館「ア

ーツ前橋」と密接に連携し、機動的な運営を行うためであるという。ちなみに、「アーツ前橋」の館長は現代アートの分野で実績のあるキュレーター、住友文彦氏が務めている。

「アーツ前橋」を含めて、著名な館長を迎えて情報発信を強化しようとするとき、館長たちの発信力を市役所として支えるのであれば、たしかに直営も選択肢の１つである。もちろん、両施設を同一の指定管理者に委ねる方法もあるが、著名な館長の発信力を最大限に活用することが既存の外郭団体の指定管理者にとって困難なのであれば、市の担当部門による館長たちのバックアップを前提とする直営は必然の選択である。

つまり、「公共施設を最大限に活用するための効率的・効果的管理運営」を考えるとき、効率的なのが指定管理者、非効率なのが直営とは一概には言えないのである。前項でも述べた通り、実現すべき政策は何か、政策を実現する手段を公共施設に求めた場合、それをもっとも効率的かつ効果的に運営できる主体はどこか、という観点から直営か指定管理者か、指定管理者だとしたらどのような公募を行い、どのような団体を選定するかを考えなければならない。

1-6 自治体の「資産の圧縮」における指定管理者の役割

「資産の圧縮」後に残った施設を効率的・効果的に管理運営するために、指定管理者制度を活用するとすれば、民間企業のノウハウや人材を活用するために公募により優秀な事業者を選ぶのも１つの方法である。その場合、管理運営費を極端に低く設定すると、経済学でいうアドバース・セレクション（逆選択）が働き、優秀な事業者は応募しない。不利な条件でも仕事を取らざるを得ない不良な事業者しか応募してこない、というのは経済学の原則である。

したがって、指定管理者制度による効率的・効果的な管理運営は経費節減とイコールではない。集客数を増やす、利用率を高める、提供されるサービスの質を向上させるなど施設本来の目的をより効果的に実現すること

ができれば、結果的に効率も高まる（たとえば利用者が増えれば利用者一人当たりの経費は下がる）のである。民間企業であるか自治体が設立した財団等であるかを問わず、このようなことを実現する能力のある事業者を選ぶ必要がある。前述の前橋市の事例でいえば、指定管理者の財団はこの任にふさわしくなかった、ということなのであろう。

　もう１つ指定管理者に期待される大きな役割がある。それは中長期的な改修計画への参画である。自治体の施設は往々にして建設当初こそ素晴らしいが年々劣化しみすぼらしくなっていく。その原因は上山信一氏が言うように投資の概念がないからである。民間企業のテーマパーク、あるいはホテルを考えてほしい。建設当初からメンテナンスを怠らずに劣化を最小限に抑え、中長期的には大規模な改修を行って競合他社に対抗する。テーマパークに新たなアトラクションを導入する、あるいはリゾートホテルで最新のニーズに合わせて客室２部屋を１部屋に改装し広くする。このような当然の投資を、自治体の施設は怠っている場合が多い。とくに自治体が設置した観光集客施設や宿泊施設は、年数が経つと見るからに陳腐化し、それが利用減を招くという悪循環に陥ることがある。メンテナンスや改修を怠らず、施設の魅力を保つという発想が必要なのである。

　それでは、絶え間ないメンテナンスで施設の魅力を保ち、中長期的に変化するニーズに合わせて大規模改修、リニューアルを企画するにはどうしたらいいのだろうか。日々の施設の状態を把握し、中長期的に利用者のニーズの変化を肌で感じているのは現場を管理している指定管理者である。指定管理者の持っている情報を中長期計画に活かす、場合によっては指定管理業務の中に改修計画策定を含むことを考えてもいいのではないだろうか。

1–7　自治体のパートナーとしての指定管理者

　指定管理者制度が導入されて15年、この間に設置者である自治体と指定管理者の関係も大きく変わりつつある。発注者―受託業者という関係か

第9章 指定管理者の光と影　　215

ら、ともに公共サービスを創り上げていくパートナーという認識も生まれてきた。

　指定管理事業を行う民間企業の集まりである一般社団法人指定管理者協会では、毎年指定管理者制度の健全な発展に寄与するために「提言」を発表している。2015 年度の提言には次のような一節がある。

「ビジョンの共創と実践を前提とした制度運用の実現

- 官民での対話の場を設け、門戸を広げるとともに、採用される案は実践を前提とした仕組みを構築することが重要である。
- 具体的には、施設の運営方針の検討段階から民間が参画し、策定された運営方針に基づく事業内容を提案し、採択されれば指定管理者として採用されるという一連の流れを構築することが重要である。」

　このような考え方に沿って、指定管理者に対して公共施設の中長期・大規模改修計画やビジョンの策定に参画する道を開くことが、自治体保有資産のより効率的・効果的な活用を実現することになるのではないだろうか。

2 パートナーとしての自治体と指定管理者のガバナンス
──多摩六都科学館を事例として──

2-1　多摩六都科学館の経緯と概要

　自治体と指定管理者が発注者─受託業者というだけの関係ではなくパートナーとするならば、そのガバナンスはどのような形をとるのだろうか。筆者が事業評価委員会副委員長（2018 年現在）を務める多摩六都科学館を事例として考察する。

　多摩六都科学館は多摩北部 6 市[3]（小平市、東村山市、田無市、保谷市、清瀬市、

216　第 3 部　指定管理者制度の可能性

東久留米市）が共同で設立した多摩北部広域子供科学博物館組合（現多摩六都科学館組合）によって設置され、1994年に開館した学習施設である。1万5,704.12㎡の敷地に展示施設やプラネタリウムがあり、年間25万4,000人（2016年度）の利用者がある多摩地域でも屈指の大型施設である。科学館組合の年間予算は4億5,500万円（2016年度）である。

　設置者である一部事務組合とは複数の基礎自治体がごみ処理場や病院、消防などを共同で運営するために設置するもので、独自の議会もあり、それ自体が1つの小さな自治体である。科学館組合議会の議員は5市から2人ずつ選ばれ、首長に当たる管理者は現在西東京市長が兼務している。

　開館から2011年度まで18年間、科学館は科学館組合が直接運営していた。つまり直営館だったのである。直接的な担当部署は科学館組合事務局が担っていた。しかし、2012年4月より指定管理者制度が導入され、公募によって選ばれた株式会社乃村工藝社が管理運営を担当することになった。これにより、従来直接管理運営を行ってきた科学館組合事務局の役割も大きく変化することになった。結果として、パートナーとしてのガバナンスの形が現れるようになったのである。

2-2　多摩六都科学館に見るパートナーとしての指定管理者の存在

　指定管理者制度の導入によって、組合事務局の業務のうち、施設管理関係と事業運営に関わることは指定管理者に移譲されたため、事務局の業務は、

1. 議会運営や監査、理事会運営、構成市との調整等の組合固有事務
2. 指定管理者の運営状況のモニタリングと第三者評価等の実施
3. 構成市の公有財産としての科学館の長期的な維持、補修等
4. 基本計画の策定と進捗状況のチェック
5. 例規改正等の法務、文書管理、情報公開
6. 経理・財務会計事務
7. 安全管理、人事・労務管理、庶務他

に絞られることになった。しかし、指定管理者との関係が単純に発注者
―受託業者に切り分けられたわけではない。事務局の業務の多くに指定管
理者が参画している。第一に、指定管理者制度導入と同時に計画されてい
た展示の大幅なリニューアルについては、指定管理者の公募時の提案に含
むこととした。この結果、選定された指定管理者の提案が採用され、実施
された。なお、展示制作も指定管理者に委託された。また、同時に計画さ
れていたプラネタリウムのリニューアル工事についても、途中から指定管
理者が参画し、その提案が取り入れられた。さらに、この時期に計画され
た駐車場の整備についても指定管理者の提案が反映された。これらの投資
は組合事務局の本来業務であるが、そこに指定管理者が参画することによ
り無駄な費用を抑え、効率的かつ利用者にとって効果的な運営が行えるよ
うになる。ハードの整備と運営は不可分なのである（これが直営館のとき
にできていなかったのは、直営といいつつ運営の現場は複数の委託業者に
任せきりになっていたからである。指定管理者制度の導入により、現場ス
タッフの雇用も指揮命令系統も一元化された）。

　第二に、2013年度に第2次基本計画（計画年度2014〜2023年度）[4]が策定さ
れたが、策定のプロセスにおいても指定管理者が主体的な役割を果たした。
策定に当たっては指定管理者側のリーダーや現場スタッフが組合事務局職
員、科学館ボランティア、策定委員会メンバーとともに議論に参加し、施
設のミッションや課題、目標を共有した。この基本計画は組合議会及び管
理者（市長）に承認され組合の正式なものとなった。この結果、指定管理
者が毎年策定する単年度の事業計画は、基本計画を色濃く反映したものと
なった。

　つまり、パートナーとは自治体と指定管理者がミッションと課題、目標
を共有し、中長期の投資計画に参画することなのである。

2–3　パートナーとしてのガバナンスを担保する評価制度

　筆者は2007年に上梓した論文「指定管理者制度の光と影――『民が

担う公共』の可能性」^{▼5}において、自治体と指定管理者の関係をプリンシパル・エージェンシー理論及び取引コスト理論によって説明した。その理論に従えば、情報の非対称性からくる機会主義（指定管理者が自治体をだまそうとする）の誘惑を防ぐために運営状況のモニタリングと評価は不可欠である。

　しかし多摩六都科学館のケースでは、指定管理者と組合事務局はミッションと課題、目標を共有し、かつ同一施設内で勤務しているために、情報の非対称性はほとんど発生しない。それではこのような場合、ガバナンスはどのように担保されるのだろうか。そこに事業評価の役割がある。

　多摩六都科学館の事業評価の特徴は、指定管理者と組合事務局がそれぞれ自らの推進すべき取り組みについて進捗状況・妥当性・達成度・有効性について自己評価を行い、これが一次評価となり、次に筆者も加わっている事業評価委員会が2つの一次評価を評価する（外部評価）。これが二次評価となる。この結果を管理者（西東京市長）及び構成5市に報告するとともに情報公開する。もちろん二次評価では指定管理者と組合事務局の関係がスムーズにいっているかどうかも評価される。つまり組合事務局が指定管理者を評価し、それをさらに委員会が評価する、という階層的な仕組みにはなっていないのである（日常的なモニタリングは行っているが）。これがパートナーである指定管理者に対して管理者及び構成5市がガバナンスを効かせるための評価の仕組みである。これは他の自治体においても、施設の担当部局（少なくともその中の施設関連業務）と指定管理者は並列的に評価（第三者によって）することが効果的である、ということではないだろうか。

2−4　パートナーとしての指定管理者の成果

　多摩六都科学館においては指定管理者制度導入後、雇用の一元化によりスタッフ（組合の職員ではなく、直営時代の業務委託先から指定管理者に雇用が移管されたスタッフ）のモチベーションが高まり、展示やプラネタ

リウムのリニューアルも指定管理者のノウハウによって成功し、制度導入時に 16 万 5,000 人だった利用者も 25 万 4,000 人と大幅に増加した。結果として、株式会社乃村工藝社は指定管理者第 2 期（2017 ～ 2023 年度）に再び選任された。

　多摩六都科学館組合事務局次長（当時）神田正彦氏は直営のときには見られなかった民間企業の指定管理者の強みについて、結果重視、マーケティング力、指揮命令系統の明解さ、民間同士のネットワークの取りやすさ、未来志向でリスクをとる姿勢を挙げている。これらは指定管理者をパートナーとして選ぶ場合に必要な要素であるが、「民間企業は儲けに走るのではないか」という懸念に対しては、企業の専門性・プロフェッショナルとしての情熱・矜持（別の概念で言えばその企業特有の使命）に期待して払しょくできるのではないか、というのが筆者の考えである。

3 指定管理者の管理運営する
公の施設のマネジメント

3–1　指定管理者が取り組むべき 3 つのマネジメント

　経営学者 P. F ドラッカーはマネジメントの役割として「自らの組織に特有の使命を果たす。マネジメントは、組織に特有の使命、すなわちそれぞれの目的を果たすために存在する」[6]と述べている。また一方で、「利潤動機には意味がない……利益は、個々の企業にとっても、社会にとっても必要である。しかしそれは企業や企業活動にとって、目的ではなく条件である」とも述べている。

　民間企業であろうとあるいは非営利組織（財団、社団、NPO）であろうと、指定管理者として公共施設を管理運営するとき、3 つのマネジメントにつ

いて考えねばならない。1つは収支のマネジメントである。公共施設についても、あるいはそれを管理運営する指定管理者組織（民間企業、非営利組織を問わず）にとっても、収支のマネジメントは重要である。なぜならば、指定管理者は後述するような限られた制約の中で収支を「合わせ」なければならないからである。それができなければ施設及び組織の持続可能性が問われることになる。

2つ目に事業のマネジメントを考えなければならない。前述したように、公共施設はインスティテュートとしての目的・機能を果たすために事業をしなければない。効率的・効果的に事業を行い成果を出す、すなわち施設の目的を果たすためのマネジメントが重要である。

指定管理者が事業の成果を追求するモチベーションは何か。事業について仕様書や協定書に決められていることを「淡々とこなす」ことで済ますこともできるし、常に成果を求めて創意工夫を凝らし、新しいことにチャレンジすることもできる。マネジメントの課題は、後者の状態を組織の中にいかに創り出すかだが、それが指定管理者制度の仕組みに内在しているわけではない。とするならば、前述のような企業・団体としての専門性・プロフェッショナルとしての情熱・矜持をマネジメントに表すしかない。

3つ目に人のマネジメントに取り組まねばならない。指定管理者が管理運営する施設においては、企業あるいは団体の社員・職員、施設のスタッフとして雇用された契約社員、場合によってはアルバイトや清掃、警備などの委託先の社員など異なる雇用形態の人が混在する。それぞれどのようにモチベーションを高め、多摩六都科学館の事例のように一丸となって施設の目的・機能を果たすか、というのが人のマネジメントの課題である。

指定管理者における人のマネジメントの難しさは、施設のスタッフ（契約社員）が成長し、生産性を高めたとしても、指定管理者の収支の仕組みでは、それに報いるだけの原資がなかなか生み出せないことである。つまり、報酬以外のインセンティブを考えねばならないのである。

次項ではとくに指定管理者のマネジメントの特徴である収支のマネジメントについて、詳しく見ていきたい。

第9章 指定管理者の光と影　　221

3-2 収支のマネジメントにおける３つの制約

いまだに多くの誤解があるのが、指定管理者になった民間企業が「儲けに走るのではないか」ということである。ドラッカーが言っているように企業にとって利益は目的ではなく成果を測る判定基準である。指定管理者事業に参入している企業の多くもその理由は多大な利益が見込めるからではなく、その（個別の）指定管理事業が自社の目的・使命に合致しているからである。

もしそうでない企業・団体があったとしても、指定管理者には３つの制約が課せられており、自由に利益を追求することができない仕組みになっている。１つ目の制約は仕様書（施設設置条例を含む）である。設置条例には施設の目的、仕様書には指定管理者が果たすべき役割や実施すべき事業、指定管理料などがあらかじめ示される。企業・団体はそれを見て自社で可能か、自社の目的・使命に沿っているかを検討したうえで応募するのである。２つ目の制約は提案書である。企業・団体は応募にあたって提案書を提出する。そこには仕様書で示された課題の解決方法や独自の提案が示されている。指定管理者に選ばれた後で自社の提案を反故にすることはできない。３つ目の制約は協定書である。これは契約書に相当するもので多くの場合仕様書や提案書の内容を反映して、議会の承認を経て単年度で締結される。これには指定管理者の収入の多くを占める年間の指定管理料が決められており、足りなくなったからと言って増額することは原則として（天変地異がない限り）できないのである。

もちろん、通常は自治体と指定管理者の間には情報の非対称性があるので、自治体側のモニタリングと評価は不可欠であり、その結果は単年度の協定書に反映される。評価が思わしくなければ指定管理料が減額されるような協定書もあり得るし、後述のように利用料金収入が想定を上回った場合には、その一部を自治体に還元することになっているような協定もある。

いずれにしても、利益云々以前に、指定管理者はこのような制約のもとで収支を「合わせ」なければならない。これが指定管理者の収支のマネジメントである。

3-3 指定管理者の収支のマネジメントモデル

　以下に筆者が関わっているある文化施設（指定管理者が管理運営する施設）の収支計算を基にモデル化した数字により、収支のマネジメントの課題を検討する。ことわっておくが、これはあくまでも施設の単年度の収支のモデルであり、指定管理者事業を行っている企業・団体の損益計算書ではない。たとえばもし企業・団体が複数の施設の指定管理者になっていたとしたら、そのうちの1つの施設の収支ということである。なお、このモデルは民間企業、非営利組織に共通する（このモデルのもとになっている施設は、非営利組織が指定管理者になっている）。

　さて、もし指定管理者の企業・団体が「儲けに走る」とする場合、つまり利益を増やそうとする場合、その方法は収入（売り上げ）を増やすか支出（コスト）を減らすしかない。果たしてそれは可能だろうか。図表1の各項目を検討してみよう。

3-4 収入を増やすことはできるのか？

　一般的には、売り上げを増やす方法には客数を増やす方法と客単価を上げる方法がある。まず最大の売り上げである指定管理料だが、これは指定管理者の努力によって増えることはない。議会の議決で決められ、自治体の担当部門すら恣意的に上げたり下げたりすることはできない。強いてあげれば、翌年の指定管理料について業務量や業務内容が変わることがあれば若干交渉の余地はあるかもしれないが。

　次に施設利用料金（貸し館収入）は指定管理者が頑張れば客数つまり利用者が増え、収入が増えるかもしれない。利用者が集中する曜日や時間帯の稼働率の限界はあるが、指定管理者として工夫の余地がある項目である。一方で単価を上げる、すなわち貸し館料金を値上げすることができるかといえばこれはできない。料金は条例で決められており、指定管理者が勝手に設定することはできない。

　自販機手数料、委託その他収入については、利用者にもう少しきめ細か

図表1　ある文化施設の収支計算モデル（単年度／千円）

▌収入の部

収入科目	金額	内容
指定管理料	18,514	市からの定額
施設利用料金	4,223	貸し館収入（利用料金収入）
自販機手数料	118	
委託その他収入	179	コピーサービスなど
参加料・入場料	556	指定事業の講座・ワークショップなど
助成金	0	
収入計	23,590	

▌支出の部

支出科目	金額	内容
人件費	11,727	常勤3、アルバイト5、施設管理スタッフ
旅費交通費	119	
通信運搬費	232	
消耗品費	191	
新聞図書費	0	
印刷製本費	144	
設備管理費	1,443	清掃、設備保守点検他
委託費	1,261	エレベーター保守、機械警備、ゴミ回収
使用料賃借料	390	コピー機
什器備品	0	
修繕費	43	
光熱水費	1,850	
保険料	161	
ボランティア経費	163	
指定事業諸謝金	1,870	
指定事業制作費	1,053	
会場使用料	290	指定事業の会場使用料を計上
租税公課支出	875	消費税他
一般管理費	818	
支出計	22,630	

▌当期収支

当期収支差額	960

ある施設の実際の収支計算書をモデルとして筆者作成

224　第3部　指定管理者制度の可能性

な有料サービスを提供し、増収を図ることができるかもしれない。ただし、施設として物の販売はできないことになっている。

　それでは、参加料・入場料はどうか。この施設の入場は無料であり、ここでいう参加料・入場料とは施設が指定事業として実施する講座・ワークショップの参加者から徴収する費用である。事業を増やせば増収になるが、すでに年間50回（協定書で指定された回数）実施しており、これが限界であろう。では客単価はどうか。ほとんどの講座・ワークショップの参加料金は500円である。これを民間のカルチャーセンター並みに値上げ（たとえば3,500円）すれば大幅な増収になるかもしれないが、しかしそもそも指定事業は施設の機能・目的を果たすために行っているものであり（と、仕様書に決められており）、対象は広く市民、近隣住民、子ども（健常者と障がい者）、学生などである。顧客をカルチャーセンターターゲットに絞ることはできないし、内容も異なっているため、非現実的である。

　最後に助成金をとればいいではないか、と言われることがあるがそこには誤解がある。助成金はとれたとしてもそれを使って事業をしなければならず、100％使い切らなければならない。しかも多くの助成金は補助率が決まっており、たとえば100万円かかる事業の助成金は補助率70％として70万円であり、30万円は自腹で調達しなければならない。つまり助成金はとれたとしてもよくてプラスマイナスゼロ、自腹分を他の収入などで埋めることができなければ持ち出しになる。助成金は「儲けに走る」役には立たないのである。

3–5　支出を減らすことはできるのか？

　ある施設が最初に指定管理者制度を導入するとき、指定管理者がまず行うのは徹底的なコストダウンである。協定書や仕様書の水準を維持しながら（つまり利用者には不便をかけずに）自治体と民間の賃金格差、非効率な業務の効率化、高コスト発注などを是正すれば収支差額が生まれ、利益の源泉になる。しかし製造業などと違い、コストダウンを持続することは

第9章 指定管理者の光と影　　225

難しい。初年度以降はなかなかコストは下がらない。

　図表1のモデル収支は指定管理者3期目のものである（支出のほとんどは固定費である）。ここからさらに「雑巾を絞るように」コストを下げることができるだろうか。まず人件費だが、協定書で開館時間と必要な人員配置が決められているため、人数を減らすことはできない。常勤職員（契約社員）の人件費はワーキングプアを生み出すのが本意ではないので、むしろここから上げていかねばならないし、アルバイトの賃金は他の飲食店やコンビニなどとの競合で決まる。設備管理費や委託費もやらなければならない仕事は決められており、この数字のような初年度に決めた額からコストダウンする余地は少ない。あとはこまめに電気を消したりして光熱水費の節約に努めるくらいである。指定事業諸謝金及び指定事業制作費は前述のように50回の事業をこの金額でやっており、むしろ不足気味である。

　もちろん、各項目について数千円の単位でコストを切り詰めることは、日常やらなければならない。そしてともすれば膨らみがちなコストを予算内に抑えること、これが指定管理者の収支のマネジメントにとってもっとも重要なポイントである。また、「民間企業は毎年コストダウンするから指定管理料を減額していっても大丈夫だろう」という自治体があるとしたら、やめたほうがいい。それは不可能である。

3−6 指定管理者のマネジメントの本質

　こうしてみると、収入を増やすことも、支出を減らすことも制約が大きい中で指定管理者の収支のマネジメントはやはり収支差額（利益）を増やしていくことではなく「収支を合わせる＝コントロールする」ことであることがわかる。「指定管理者は儲けに走る」という声が聞こえるとき、当の指定管理者（民間企業、非営利団体を問わず）は内心「儲けに走る方法があるのなら教えてほしい」と思っているのではないだろうか。

　それでは、売り上げ、利益の拡大が見込めない中で、なぜ民間企業や非営利団体は指定管理者になっているのだろうか。それは少なくとも指定管

理期間の間は確実に売り上げと（額は少なくても）利益が見込めるからである。考えてみてほしい、変化の激しい時代に、5年間あるいは7年間、確実に売り上げが上がる商売はあるだろうか。新商品も陳腐化するかもしれない。近くにライバル店ができて売り上げが激減するかもしれない。期限付きとはいえそれを心配する必要がない商売はなかなかない。

　指定管理者は指定期間内に、収支のマネジメント、事業のマネジメント、人のマネジメントの3つのマネジメントを着実に行い、求められる成果（自治体、施設にとっての）を出さなければならない。それが指定管理者のマネジメントの本質である。

4 指定管理者の これから

　2006年に4万1,110施設だった指定管理者導入施設は2012年に7万3,476施設、2015年に7万6,788施設になった。しかし大幅な伸びは止まっているとみることができる。今後前述のような資産圧縮により公共施設の数そのものが減っていくだろう。また筆者が理事長を務める（2018年現在）指定管理者事業を行う事業者の集まりである一般社団法人指定管理者協会の加盟各社も、事業をいたずらに拡大するのではなく、応募する案件を絞る傾向がみられる。

　どのような案件を選ぶかといえば、もちろん指定管理料等の条件はあるが、前述したようなパートナーの関係を自治体との間で築くことができるかどうか、そして自社の専門性・プロフェッショナルとしての情熱を傾けるに足る案件かどうかが1つの基準になる。

　民間企業、非営利団体を問わずこのような指定管理者を選ぶことができ

れば、自治体にとって厳しい財政状況のもとでも、中長期的な投資による
施設の効用の向上が見込めることになるだろう。

※本稿の1は、桧山隆一（2016）「自治体施設と指定管理者制度」『地方自治職員研修』通巻686号、
　22-24頁の内容に加筆修正したものである。

注

1　総務省ホームページ。http://www.soumu.go.jp/main_content/000405023.pdf（2019年3月16日
　閲覧）
2　東村山市ホームページ。https://www.city.higashimurayama.tokyo.jp/shisei/keikaku/bunya/shisei/
　koukyoussaisei/shisetusaisei/kihonkeikaku.files/kihonkeikaku.pdf（2019年3月16日閲覧）
3　当時。現在は田無市と保谷市が合併して西東京市となり、5市になっている。
4　多摩六都科学館組合ホームページ。http://www.tamarokuto-sc.or.jp/modules/info/index.php?
　content_id=16（2019年5月20日閲覧）
5　中川幾郎・松本茂章編著（2007）『指定管理者は今どうなっているのか』水曜社、234–267頁。
6　P.Fドラッカー著・上田惇生編訳（2001）『エッセンシャル版マネジメント─基本と原則』ダイヤモ
　ンド社、9頁。

おわりに

　本書『岐路に立つ指定管理者制度　変容するパートナーシップ』は、地方自治法244条の改正に伴い、「公の施設」に導入された指定管理者制度に焦点をあてた書籍である。研究者や現場に精通する方々のご支援を得て、同法改正（2003年）から15年の節目の2018年秋に出稿することができた。3年の猶予期間を経て2006年から本格的に実施されて以降、10年余の歳月が過ぎ、同制度を取り巻く課題は山積している。同時に異色の運営団体が現れてきたのも事実である。「指定管理者制度の今」を、鮮やかに伝えられていたとすれば、幸いである。

　本書を発行できた背景には2つある。背景というよりルーツといっていいかもしれない。1つには中川幾郎・松本茂章編著『指定管理者は今どうなっているのか』（水曜社、2007）である。指定管理者制度が導入されて間もない時期に発行された書籍だった。このときの執筆陣のうち、本書の掲載順で、中川幾郎先生、片山泰輔先生、伊東正示先生、桧森隆一先生に再び原稿をいただいた。同書でインタビューした薬師寺智之・指定管理者協会事務局長に再登場をお願いした。12年を経て出版された両書を読み比べると、パートナーシップの変容がよく分かる。

　2つには共著の『都市自治体の文化芸術ガバナンスと公民連携』（公益財団法人日本都市センター、2018）である。同センターでは2016〜17年度の2か年にわたり、研究者及び自治体職員からなる「都市自治体の公民連携（文化・芸術振興）に関する研究会」（座長、大杉覚・首都大学東京教授）を設置し、行政と外部（民間・地域・住民）の連携が不可欠な文化芸術振興を題材の中心に据えて調査研究を行った。研究会の成果をまとめて発行したのが同書だった。研究会仲間である金井利之先生は本書の第2章を執筆された。筆者は本書の第5章を担当した。両原稿を転載することにご了解くださった日本都市センターに感謝の気持ちをお伝えしたい。世田谷区の田中文子・生活文化部長（当時。2019年4月から総務部長）も同研究会仲間であるご縁でイ

ンタビューをお願いした。

　金山喜昭先生には拙著『日本の文化施設を歩く』（水曜社、2015）の元となった月刊誌連載の取材でお世話になった。鬼木和浩・横浜市文化観光局文化振興課施設担当課長は日本文化政策学会の研究仲間である。米本一成・かすがい市民文化財団チーフマネジャーとは文化庁関係の仕事で知り合った。

　さらに筆者による連載原稿の転載に快諾いただいた月刊『公明』編集部に御礼申し上げる。

　このように本書は新しく書き起こした原稿と既存原稿を加筆修正した原稿等が混じり合っている。読みづらい面があるとすれば、ひとえに編者の力不足によるものである。しかしながら指定管理者制度導入の利点、隘路、悩みなどをリアルに伝えられたのではないかと振り返っている。

　本書で紹介した文化施設は全国各地に広がっている。北から札幌市、秋田県由利本庄市、茨城県小美玉市、千葉県野田市、東京都多摩地区、横浜市、静岡県熱海市、同県掛川市、愛知県西尾市、同県半田市、同県春日井市、三重県津市、大阪府豊中市、岡山市などにある多様な施設を広範囲に取り上げた。2016年から2018年にかけての生々しい現状をつづった。筆者はかつて全国紙記者だったので、ジャーナリスティックな視点から「指定管理者制度の今」を活字で残しておきたかったからである。

　ご寄稿いただいた先生方、インタビューや調査にご協力くださった関係者のみなさまに、改めて心より感謝の気持ちをお伝えしたい。そして前著『指定管理者は今どうなっているか』（2007）に続いて出版を快諾いただいた水曜社の仙道弘生社長に御礼申し上げる。

　指定管理者制度を検証する本書の出版が、わが国における文化芸術振興、地方自治、官民協働による地域経営などのありようを見つめ直す契機となれば、と願う。

静岡文化芸術大学　松本 茂章

分担執筆者 （掲載順）

松本 茂章（まつもと・しげあき）編著者　はじめに、序章、4・5・6章、おわりに（別掲）

中川 幾郎（なかがわ・いくお）1章
帝塚山大学名誉教授、国際公共政策博士（大阪大学）。1946生まれ。日本文化政策学会顧問、自治体学会顧問、コミュニティ政策学会副会長、大阪府、奈良県、滋賀県などの審議会委員を務めるほか、多くの市町村の自治基本条例、総合計画、行財政改革、文化基本計画などの策定に関わる。指定管理者制度に関して『指定管理者制度は今どうなっているのか』（水曜社、2007、共編著）他多数執筆。主著『分権時代の自治体文化政策』（勁草書房、2001）。近著『これからの自治体文化政策』（ＮＰＯ政策研究所、2019）等。

金井 利之（かない・としゆき）2章
東京大学大学院法学政治学研究科・法学部教授。1967年生まれ。東京大学卒業、東京大学法学部助手、東京都立大学法学部助教授、ライデン大学社会科学部客員研究員などを経て現職。著書に『財政調整の一般理論』『自治制度』『実践自治体行政学』『原発と自治体』『行政学講義』など。

片山 泰輔（かたやま・たいすけ）3章
静岡文化芸術大学文化政策学部教授、（公財）東京交響楽団評議員、（一社）浜松創造都市協議会代表理事、（一社）文化政策経営人材研究所統括アドバイザー。1964年生まれ。慶應義塾大学経済学部卒、東京大学大学院経済学研究科修士課程修了、同博士課程単位取得満期退学。三和総合研究所主任研究員等を経て現職。専門は財政・公共経済、芸術文化政策。1995年、芸術支援の経済学的根拠に関する研究で日本経済政策学会賞、2007年、著書『アメリカの芸術文化政策』（日本経済評論社）で日本公共政策学会賞（著作賞）受賞。

金山 喜昭（かなやま・よしあき）7章
法政大学キャリアデザイン学部教授。1954年生まれ。野田市郷土博物館学芸員、館長補佐を経て現職。2005年6月から2019年3月までNPO法人野田文化広場事務局長、理事を務める。論文に「公設財団法人が公立博物館を運営する現状と課題〜指定管理者制度の15年を検証する〜」（法政大学キャリアデザイン学部紀要第16号、2019）、「博物館のコレクション管理の動向と展望〜イギリスのコレクション管理から学ぶこと〜」（國學院大學雑誌118巻11号、2017）など。著書に『博物館と地方再生〜市民・自治体・企業・地域との連携〜』（同成社、2017）など。

伊東 正示（いとう・まさじ）8章
株式会社シアターワークショップ代表。1952年生まれ。1975年早稲田大学建築学科卒。その後、大学院で劇場建築の研究を行う。1981〜94年文化庁（仮称）第二国立劇場設立準備室非常勤調査員。1983年シアターワークショップを設立。劇場・ホールに関することは何でも行う総合劇場プロデューサーとして、200館を越えるプロジェクトに参加。2008年に「職能としての劇場コンサルタントの確立と一連の業績」で日本建築学会賞（業績）を受賞。

桧森 隆一（ひもり・りゅういち）9章

北陸大学教授・副学長・国際コミュニケーション学部長。1949年生まれ。専門は文化政策論、アートマネジメント論、公共経営論など。ヤマハ株式会社にて音楽企画制作室長、静岡企画推進室長等を歴任。コンサート・音楽イベントの企画制作、企業の地域文化貢献活動に従事。2008年嘉悦大学経営経済学部教授、2015年より現職。一般社団法人指定管理者協会理事長兼務。論文に「芸術仲介産業の事業構造と付加価値分析」、著書に『行政の解体と再生』（共著）など。

6章語り手

鬼木 和浩（おにき・かずひろ）

横浜市役所文化観光局文化振興課施設担当課長（主任調査員）。1965年生まれ。1988年横浜市に入庁し港北区の文化振興を担当。その後、福祉、税務などの部署を経験した後、2004年4月から文化芸術都市創造事業本部文化政策課に配属。「横浜市芸術文化教育プラットフォーム」設立、指定管理者選定、文化施設整備等を担当。2009年4月から横浜市役所初の文化芸術の専門職員に就任。2016年4月から現職。日本文化政策学会理事。共著に『文化政策の現在 第1巻 文化政策の思想』。

田中 文子（たなか・あやこ）

世田谷区総務部長。基本構想・政策研究担当部長、高齢者福祉部長を経て、2016年4月から2019年3月まで生活文化部長。2019年4月から現職。生活文化部は、市民活動・生涯現役推進課、文化・芸術振興課、国際課、人権・男女共同参画担当課、区民健康村・ふるさと交流課の5課からなり、このほか、公益財団法人せたがや文化財団と株式会社世田谷川場ふるさと公社の2つの外郭団体を所管している。

米本 一成（よねもと・かずなり）

公益財団法人かすがい市民文化財団チーフマネジャー。1998年愛知県立芸術大学大学院美術研究科修了。同年4月から民間企業で地方都市のまちづくり計画に携わる。2005年かすがい市民文化財団採用。11年から宣伝グループマネジャー。CS調査や顧客開拓に取り組む他、財団ミッション策定に携わる。13年から総務グループマネジャー。財務、人事、組織再編など法人運営全般担当。16年から指定管理業務を統括。17年から現職。18年から事業推進グループマネジャーも兼務する。愛知県公立文化施設協議会セミナー講師。

薬師寺 智之（やくしじ・ともゆき）

一般社団法人指定管理者協会 事務局長（所属はアクティオ株式会社 事業開発室 課長（兼）東日本営業部東北営業課長）。1972年生まれ。1997年アクティオ（株）入社。横浜美術館管理運営業務（受託業務の管理者）、「横浜市白幡地区センター」（純民間企業が日本で初めて指定管理者に選定された）のほか、数多くの指定管理施設の提案書制作、運営業務管理等を担当。2006年度から2015年度まで、一般財団法人地域総合整備財団（ふるさと財団）「指定管理者実務研究会」委員。

索引

【あ行】

アーツ前橋（群馬県前橋市）·········213-214
アカプラ→札幌市北３条広場
（NPO法人）あたみオアシス21····129-131,142
熱海市（静岡県）·······················128
あたみ女性21会議··················128-130
アピオス（茨城県小美玉市）·········112-113
岩瀬文庫（愛知県西尾市）············49-51
インスティテュート·········23-24,27,213,221
SPC→特定目的会社
NPM（New Public Management）
·····································19-20,55-57
Mゲキセレクション（Mゲキ）··83,86-87,89,104
M-PAD················83,86,88-89,102,104
演劇ファミリーMyu··············108,111,113
大阪センチュリー交響楽団··············138
大阪府文化振興財団···················138
公の営造物··························38
公の施設···4-5,19,21,23,37-38,41,43,54,220
岡山県天神山文化プラザ（岡山県岡山市）
·····································119,143
（公益社団法人）岡山県文化連盟····119,143
岡山市（岡山県）·····················119
小美玉市（茨城県）···················108

【か行】

楽団四季···························108,111
掛川グランドホテル（静岡県掛川市）···96-97,99
掛川市（静岡県）···········80,93,103-104
（公益財団法人）掛川市生涯学習振興公社
·····························93,96-97,100,103
掛川城（静岡県掛川市）·········93,103-104
掛川城管理運営共同体····93,95-96,98,103
かけがわ茶エンナーレ··············101,103
掛川ひかりのオブジェ展············101,103
春日井市（愛知県）·················114,168
春日井市民会館（愛知県春日井市）····116,168
（公益財団法人）かすがい市民文化財団
·····································114,168

カダーレ→由利本荘市文化交流館・カダーレ

（一般社団法人）カダーレ文化芸術振興会
·····································205-208
川場村（群馬県）·················160-161
起雲閣（静岡県熱海市）············128,142
北上市（岩手県）······················200
北上市文化交流センター・さくらホール（岩手県
　北上市）·····························200
（一般財団法人）北上市文化創造···········200
黒部市（富山県）······················198
黒部市国際文化センター・コラーレ（富山県黒部
　市）·····························198-200,204
（NPO法人）芸術工房·················200
劇場、音楽堂等の活性化に関する法律（劇場法）
·····················4,15-16,66-67,78,92
高蔵寺ニュータウン（愛知県春日井市）·····118
公津の杜コミュニティセンター（千葉県成田市）
·····································182-183
500メートル美術館（北海道札幌市）·······126
コラーレ→黒部市国際文化センター・コラーレ
コラーレ倶楽部······················199

【さ行】

さくらホール→北上市文化交流センター・さくら
　ホール
札幌駅前通地下歩行空間（チ・カ・ホ／北海
　道札幌市）······················124,142
札幌駅前通まちづくり株式会社·······125,142
札幌市（北海道）······················124
札幌市北３条広場（アカプラ／北海道札幌市）
·····································127,142
（NPO法人）サポートC·················201
四季文化館みの～れ（茨城県小美玉市）
·····································108,144
静岡市（静岡県）······················212
（一般社団法人）指定管理者協会
·····································176,216,227
四天王寺スクエア（三重県津市）·········82,84
従来型ガバメント················77,104-105
スタッフエッグ·······················109,111
ステンドグラス美術館（静岡県掛川市）
·····································93,96,100-101
（株式会社）世田谷川場ふるさと公社···159-160
世田谷区（東京都）···················158

（公益財団法人）せたがや文化財団‥‥159-168
（NPO法人）ソシオ成岩スポーツクラブ‥132,143

【た行】

第七劇場‥‥‥‥‥‥‥‥‥‥‥‥‥84,89-92
多摩北部広域子供科学博物館組合‥‥‥‥217
多摩六都科学館（東京都西東京市）‥‥‥216
多摩六都科学館組合‥‥‥‥‥‥‥‥‥‥217
地域ガバナンス‥‥‥‥‥‥‥‥‥‥‥‥74
（株式会社）地域文化創造‥‥‥‥‥‥‥200
チ・カ・ホ→札幌駅前通地下歩行空間
茅野市（長野県）‥‥‥‥‥‥‥‥‥‥‥200
茅野市民館（長野県茅野市）‥‥‥‥‥‥200
地方自治法第244条
‥‥‥‥‥‥5,18-19,23,37,40,54,74,230
津あけぼの座（三重県津市）‥82,84,86-87,102
津市（三重県）‥‥‥‥‥‥‥‥80,102,104
テアトル・ドゥ・ベルヴィル（三重県津市）
‥‥‥‥‥‥‥‥‥‥‥‥‥82,84,90-91
天プラ→岡山県天神山文化プラザ
天プラ文化祭‥‥‥‥‥‥‥‥‥‥‥‥123
東京オリンピック・パラリンピック（2020年大会）
‥‥‥‥‥‥‥‥‥‥‥81,150-151,164
特定目的会社（SPC）‥‥‥‥‥‥‥‥‥46
豊中市（愛知県）‥‥‥‥‥‥‥‥‥‥137
豊中市立文化芸術センター（大阪府豊中市）
‥‥‥‥‥‥‥‥‥‥‥‥‥‥‥137,143

【な行】

NARAWA WING（愛知県半田市）‥‥‥‥132
西尾市（愛知県）‥‥‥‥‥‥‥‥‥‥‥49
にしお本まつり‥‥‥‥‥‥‥‥‥‥‥‥50
二の丸美術館（静岡県掛川市）
‥‥‥‥‥‥93,96,98,100-101,103
（公益財団法人）日本センチュリー交響楽団
‥‥‥‥‥‥‥‥‥‥‥‥‥‥‥137,143
野田市（千葉県）‥‥‥‥‥‥‥‥‥‥186
野田市郷土博物館（千葉県野田市）‥‥‥186
野田市市民会館（千葉県野田市）‥‥‥‥186
（NPO法人）野田文化広場‥‥‥‥‥‥‥186
（株式会社）乃村工藝社‥‥‥‥‥‥217,220

【は行】

ハコ（モノ）‥‥‥‥‥4-5,36,41,45,212
（NPO法人）パフォーミングアーツネットワークみ
え（パンみえ）‥‥‥‥‥84,86-88,90,102
半田市（愛知県）‥‥‥‥‥‥‥‥‥‥132
パンみえ→（NPO法人）パフォーミングアーツ
ネットワークみえ
PFI事業‥‥‥‥‥‥‥‥‥‥‥‥30,147
PFI法‥‥‥‥‥‥‥‥‥‥‥‥‥‥‥201
東村山市（東京都）‥‥‥‥‥‥‥‥‥211
光と風のステージCUE‥‥‥‥‥‥111,113
ふじのくにNPO活動センター‥‥‥‥‥212
ファシリティ‥‥‥‥‥‥‥‥‥23-24,27
文化芸術基本法‥‥‥‥‥4,16,67-68,74,78
文化芸術振興基本法‥‥‥4,14,16,64,67,74
文化フォーラム春日井（愛知県春日井市）
‥‥‥‥‥‥‥‥‥‥116-117,168
ベルヴィル→テアトル・ドゥ・ベルヴィル

【ま行・や行】

前橋市（群馬県）‥‥‥‥‥‥‥‥‥‥213
三重県文化会館（みえぶん／三重県津市）
‥‥‥‥‥‥‥‥‥‥‥‥‥‥82,102
（公益財団法人）三重県文化振興事業団‥‥82
みえぶん→三重県文化会館
水と緑と詩のまち前橋文学館（群馬県前橋市）
‥‥‥‥‥‥‥‥‥‥‥‥‥‥‥213
みの〜れ→四季文化館みの〜れ
みの〜れ支援隊‥‥‥‥‥‥‥‥‥‥‥108
民間資金等の活用による公共施設等の整備等の
促進に関する法律→PFI法
むらさきの里　野田ガイドの会‥‥‥‥‥191
由利本荘市（秋田県）‥‥‥‥‥‥‥‥202
由利本荘市文化交流館・カダーレ（秋田県由利
本荘市）‥‥‥‥‥‥‥‥‥‥‥‥‥202
横浜市（神奈川県）‥‥‥‥‥‥‥‥‥146
（公益財団法人）横浜市芸術文化振興財団
‥‥‥‥‥‥‥‥147-150,152-153

松本 茂章（まつもと・しげあき）

公立大学法人静岡文化芸術大学 文化政策学部／大学院文化政策研究科 教授。早稲田大学教育学部地理歴史専修卒業、同志社大学大学院総合政策科学研究科博士課程（後期課程）修了、博士（政策科学）。専門は自治体文化政策、文化施設研究、文化とまちづくり政策。読売新聞記者、デスク、支局長を経て、2006年から県立高知女子大学文化学部教授（現在、高知県立大学）、2011年から現職。日本アートマネジメント学会会長、日本文化政策学会理事。

単著に『芸術創造拠点と自治体文化政策　京都芸術センターの試み』(2006)、『官民協働の文化政策　人材・資金・場』(2011)、『日本の文化施設を歩く　官民協働のまちづくり』(2015)（いずれも水曜社）。編著書に中川幾郎・松本茂章『指定管理者は今どうなっているのか』(水曜社、2007)など。共著に『入門 文化政策　地域の文化を創るということ』(ミネルヴァ書房、2008)、『地域の自律的蘇生と文化政策の役割』(学文社、2011)、『都市自治体の文化芸術ガバナンスと公民連携』(日本都市センター、2018)など。

岐路に立つ指定管理者制度
―― 変容するパートナーシップ

発行日	2019年7月8日　初版第一刷発行
編著者	松本 茂章
発行人	仙道 弘生
発行所	株式会社 水曜社
	〒160-0022 東京都新宿区新宿1-14-12
	TEL03-3351-8768　FAX 03-5362-7279
	URL suiyosha.hondana.jp/
DTP・装幀	小田 純子
印　刷	日本ハイコム株式会社

©MATSUMOTO Shigeaki, NAKAGAWA Ikuo, KANAI Toshiyuki, KATAYAMA Taisuke, KANAYAMA Yoshiaki, ITO Masaji, HIMORI Ryuichi
2019, Printed in Japan　ISBN 978-4-88065-463-8　C0036

本書の無断複製（コピー）は、著作権法上の例外を除き、著作権侵害となります。
定価はカバーに表示してあります。落丁・乱丁本はお取り替えいたします。

文化とまちづくり叢書　地域社会の明日を描く——

ローカルコンテンツと地域再生
観光創出から産業振興へ
増淵敏之 著
2,500 円

芸術文化の投資効果
メセナと創造経済
加藤種男 著
3,200 円

想起の音楽
表現・記憶・コミュニティ
アサダワタル 著
2,200 円

ソーシャルアートラボ
地域と社会をひらく
九州大学ソーシャルアートラボ 編
2,500 円

ワインスケープ
味覚を超える価値の創造
鳥海基樹 著
3,800 円

和菓子　伝統と創造
何に価値の真正性を見出すのか
森崎美穂子 著
2,500 円

まちを楽しくする仕事
まちづくりに奔走する自治体職員の挑戦
竹山和弘 著
2,000 円

文化芸術基本法の成立と文化政策
真の文化芸術立国に向けて
河村建夫・伊藤信太郎 編著
2,700 円

「間にある都市」の思想
拡散する生活域のデザイン
トマス・ジーバーツ 著　蓑原敬 監訳
3,200 円

アーツカウンシル
アームズ・レングスの現実を超えて
太下義之 著
2,500 円

コミュニティ 3.0
地域バージョンアップの論理
中庭光彦 著
2,500 円

学びあいの場が育てる地域創生
産官学民の協働実践
遠野みらいづくりカレッジ 編著
樋口邦史・保井美樹 著
2,500 円

包摂都市のレジリエンス
理念モデルと実践モデルの構築
大阪市立大学都市研究プラザ 編
3,000 円

全国の書店でお買い求めください。価格はすべて税別です。

 地域社会の明日を描く――

都市と堤防
水辺の暮らしを守るまちづくり
難波匡甫 著
2,500 円

無形学へ　かたちになる前の思考
まちづくりを俯瞰する5つの視座
後藤春彦 編著
3,000 円

防災福祉のまちづくり
公助・自助・互助・共助
川村匡由 著
2,500 円

クラシックコンサートをつくる。つづける
地域主催者はかく語りき
平井滿・渡辺和 著
2,500 円

町屋・古民家再生の経済学
なぜこの土地に多くの人々が訪ねてくるのか
山崎茂雄 編著
野村康則・安嶋是晴・浅沼美忠 著
1,800 円

アートの力と地域イノベーション
芸術系大学と市民の創造的協働
本田洋一 著
2,500 円

地域社会の未来をひらく
遠野・京都 二都をつなぐ物語
遠野みらいづくりカレッジ 編著
2,500 円

トリエンナーレはなにをめざすのか
都市型芸術祭の意義と展望
吉田隆之 著
2,800 円

パブリックアートの展開と到達点
アートの公共性・地域文化の再生・芸術文化の未来
松尾豊 著
藤嶋俊會・伊藤裕夫 附論
3,000 円

日本の文化施設を歩く
官民協働のまちづくり
松本茂章 著
3,200 円

地域創生の産業システム
もの・ひと・まちづくりの技と文化
十名直喜 編著
2,500 円

創造の場から創造のまちへ
クリエイティブシティのクオリア
萩原雅也 著
2,700 円

災害資本主義と「復興災害」
人間復興と地域生活再生のために
池田清 著
2,700 円

全国の書店でお買い求めください。価格はすべて税別です。

地域社会の明日を描く──

文化資本としてのデザイン活動
ラテンアメリカ諸国の新潮流
鈴木美和子 著
2,500 円

フットパスによるまちづくり
地域の小径を楽しみながら歩く
神谷由紀子 著
2,500 円

アーツマネジメント学
芸術の営みを支える理論と実践的展開
小暮宣雄 著
2,800 円

障害者の芸術表現
共生的なまちづくりにむけて
川井田祥子 著
2,500 円

文化的景観を評価する
世界遺産 富山県五箇山合掌造り集落の事例
垣内恵美子 著
4,200 円

文化と固有価値のまちづくり
人間復興と地域再生のために
池上惇 著
2,800 円

文化からの復興
市民と震災といわきアリオスと
ニッセイ基礎研究所
いわき芸術文化交流館アリオス 編著
1,800 円

愛される音楽ホールのつくりかた
沖縄シュガーホールとコミュニティ
中村透 著
2,700 円

チケットを売り切る劇場
兵庫県立芸術文化センターの軌跡
垣内恵美子・林伸光 編著
佐渡裕 特別対談
2,500 円

文化財の価値を評価する
景観・観光・まちづくり
垣内恵美子 編著
岩本博幸・氏家清和・奥山忠裕・児玉剛史 著
2,800 円

公共文化施設の公共性
運営・連携・哲学
藤野一夫 編
3,200 円

文化政策学入門
根木昭 著
2,500 円

アーツ・マネジメント概論 三訂版
小林真理・片山泰輔 監修・編
伊藤裕夫・中川幾郎・山﨑稔惠 編
3,000 円

全国の書店でお買い求めください。価格はすべて税別です。